판도라농원의 클로버

여명 이 종 걸 수필집

도서출판
진실한 사람들

| 책 머리에 |

판도라 상자를 열며

  어린 시절 나는 문학소녀가 아니었다. 끔찍이도 사랑을 주시던 아버지를 갑자기 잃은 슬픔을 자제하지 못해서 말을 잃고 눈물이 많은 그림자 같은 아이었다. 고독으로 빠져드는 충격 속에서도 오빠의 책장에서 책을 읽으며 작품 속에 주인공들과 외로움을 나누었다. 곧게 뻗은 신작로를 보면서도 외롭고 슬펐다.

  사춘기를 지나면서 어두운 이별의 충격에서 벗어났던 것 같다. 하늘을 덮은 별들의 노래, 사계절 노래하는 개여울, 갯둑에 만발한 아카시아 향기에 도취되었고, 가을 길가에 가녀린 코스모스와 친구가 되었다.

  성인이 되어 도시생활을 시작하면서 심신이 너무 바빴다. 삼남매가 대학을 갔고 겨우 아이들 뒷바라지에서 해방될 때쯤 타자를 익혀서 마음속 생각을 외부로 표현했다. 구독신문에 투고한 것이 곧잘 채택되면서 용기가 생겼다. 글쓰기를 제대로 하고 싶어서. 마포문화원을 찾아 산영재 선생님의 수하(樹下)가 됐다. 혹독한 합평을 들으며 등에 땀이 났지만 행복했다. 첫 공저(共著)를 내고 나니 문학을 향한 허기가 더했다. 공부를 더하고 싶어서 방송통신대학 국문학과에 입학했다.

보람된 학창시절을 졸업할 때쯤 농사를 시작했다. 소소한 농원이지만 '판도라농원'이라 했다. 인간에게 도움을 준 프로메테우스를 벌하고자 제우스가 선물로 판도라에게 준 상자, 상자를 열자 모든 걱정과 질병, 고통 등이 쏟아져 나왔다. 급히 두껑을 닫은 상자 안에는 이제 긍정과 희망이 남아 있을 것이라 믿어서 그 행복을 캐내고 싶었던 것이다. 농사일을 하는 바쁜 중에도 가슴에 닿는 소재를 만나면 글을 써서 카페에 올리고는 했다. 이것이 설송 선생님의 추천을 받아 등단을 하게 되었다. 이렇게 뒤늦게 문학의 길을 들어서면서 소소한 일상을 글로 남겼다. 특별할 것 없는 그냥 평범하지만 소중한 내 주위의 이야기를 한 권의 작품집으로 묶으려 한다.

수술 후유증으로 불편해 하고 있을 때 피곤도 무릅쓰고 내 건강을 위해 늘 동행해 주고, 공부한다고 살림에 게으른데도 묵묵히 지켜준 남편이 무엇보다 감사하다. 아울러 주위에서 늘 울타리가 되어 준 삼 남매와 그 가족들에게 늘 고마움을 느낀다. 또한 삶의 활력소가 되어 주는 손주 정현 상우 민구 현구의 사랑스러운 얼굴이 보고 싶은 오늘이다.

그리고 일찍이 나의 글을 인정해 주고 다시 예쁜 책으로 엮어 주시는 김주안 국장님께도 감사를 드린다.

_ 2024년 9월

이 종 걸

차 례

책 머리에 · 2

서 평 | 김주안 · 218

1부 봄이 오는 길목

어머니의 소상 · 11

옛날에 동산에 · 17

잃어버린 보째고개 · 21

세시풍속 · 25

설성산 신흥사 · 29

봄이 오는 길목 · 33

백로의 비애 · 37

추억 묻은 친구 · 41

비 온 날의 낭만 · 45

석양의 독백 · 49

2부 빈 나뭇가지는

판도라농원 • 57

판도라의 5월 • 61

천방지축 초보농군 • 64

가을 은행잎 • 68

비, 생명 • 72

빈 나뭇가지는 • 76

새옹지마 • 80

농부의 마음 • 84

멧돼지와의 전쟁 • 88

장난으로 던진 돌에 얻어맞은 개구리 • 92

3부 멈춰버린 시간

어머니의 실패 • 99

세대의 변화 • 103

하룻강아지의 행복 • 107

안나와 안셀모 • 111

멈춰버린 시간 • 115

탕평치 • 119

후회 • 123

어긋난 단추 • 127

예순아홉 즈음에 • 132

4부 창밖에 손님

가장 소중한 것 • 139

인연 • 143

앵두는 익는다 • 147

상사화 • 151

문학 자판기 • 155

소나기 • 159

카프리섬 • 163

창밖에 손님 • 167

채석강의 낙조 • 171

5부 앨범을 넘기며

목너미마을 • *177*

지평선 • *181*

성모성월에 • *185*

전철 속 풍경의 변화 • *189*

금 따는 콩밭 • *193*

영화 〈국제시장〉을 보고 • *197*

사라진 흔적 • *201*

개살구와 보릿고개 • *205*

앨범을 넘기며 • *209*

내 이름은 엄마 • *213*

제1부

봄이 오는 길목

어머니의 소상

　내 유년의 듬성듬성한 기억 속 대청마루에는 결코 화려하지는 않으나 묵직한 기물들이 정리되어 있었다. 그 중에 청잣빛의 용이 승천하는 그림의 청화백자항아리 한 쌍도 있었다. 이렇게 평화로운 기억이 익어갈 때쯤 할아버지가 돌아가셨고 얼마 뒤에 아버지마저 돌아가셨다. 여덟 살을 막 지나려는 내게 아버지의 사망은 땅이 꺼지는 놀라움이었다.
　얼마 후인가? 우리는 이사를 했다. 대들보가 우람하고 대청마루가 높아서 댓돌을 오르내리기 부담스럽던 집에서 그저 평범한 집으로의 이사였다. 새로운 집에서의 기억으로는 쉽게 마루에 오를 수 있고 그 마루에 걸터앉아 발장난을 치면서 울타리 밖에서 노는 아이들을 볼 수 있는 것도 좋았고 또 해가 지면 반딧불을 쫓다가 멍석에 앉아서 백발할아버지의 옛날 얘기를 듣는 것도 좋았다.
　이사한 집 건넌방에는 벽과 벽 사이를 가로질러 긴 나무를 걸쳐 놓은 '시렁'이라고 하는 것이 있었다. 시렁 위에는 노랗게 쪄든 보루박스 상자가 두 개 얹혀 있고 속에는 빛바랜 고서들이 가득히 들어있었는데 어머니는 그것을 퍽 귀히 여기셨다.

푸른 용이 그려진 청화백자항아리 한 쌍은 변함없이 평범한 집을 돋보이게 했다. 이것을 어머니는 '용춤항아리'라 부르셨다. 늘 두 개가 함께 있었는데 다른 도자기보다 몸체가 많이 큰 것이었다. 어머니는 그 한 개에 봄이면 소작인에게 내어줄 볍씨를 보관했고 또 다른 하나에는 1년 동안 제사에 사용할 쌀을 담아 두셨다.

얼마의 세월이 흐른 뒤 오빠가 결혼을 했다. 새언니는 도시에 사는 신여성이라고 했다. 잔칫날 색동저고리에 연지곤지가 예쁜 새언니를 기다리는 내 앞에 갈색 코트를 입고 차에서 내렸을 때의 묘한 감정이라니…

신여성을 아내로 맞은 오빠는 아내를 위해 봄마다 허름한 시골집을 새롭게 꾸미고 도배를 했다. 그때마다 시렁 위, 보루박스 상자 속에 고서들은 초배지로 사용되었다. 조상의 유품을 가보(家寶)로 생각하시는 어머니의 질책과 이 말씀을 건성으로 듣는 오빠의 변은 차츰 목소리가 커졌다.

소중히 간직했던 유품들, 조상들의 수많은 언어가 스멀스멀 황토벽 속으로 스며들어가는 것을 못 견뎌하시는 어머니! 그때마다 혀를 차며 안타까워하시던 어머니의 목소리, "쯧쯧 조상의 시전지(詩箋紙)기물(器物)을 귀한 줄 모르고…" 삼종지도의 덕을 익히고 외아들을 황제로 키워놓은 어머니는 이미 종이호랑이였다.

아들을 황제로 만들었으나 황후는 인정하지 않았다. 더구나 며느리는 당신이 살아오신 도덕적인 농촌살림 보다는 풍족한 도시생활에 익숙한 신여성이었다. 때는 60년대 초 페미니즘이 기지개를 켜는 시기였으니 세대 간 충돌이 당연했는지도 모르겠다.

갈등이 짙어질 때쯤 오빠는 서울로 분가했다. 젊은 나이에 남편을 여의고 아들에게 의지했던 어머니는 허탈함을 삼키려는 듯 입을 다무셨다. 마른 햇빛만 하품을 하는 좁지 않은 집안, 하얗게 바랜 집에서 어머니의 시선은 자주 허공에 머물고는 했다. 그러다가는 부모님을 그리듯 용춤항아리를 닦으며 한 서린 푸념을 하셨다. "십년 세도가 없고 열흘 붉은 꽃이 없다더니~!" 어머니의 한숨에는 짙은 외로움도 스며있었다.

언니의 뒤를 이어 오빠와 띠동갑 아래인 나도 결혼을 했다. 동생은 오빠집으로 갔고 휘휘한 집에 어머니만 두고 가는 길이 조금은 걸렸지만 당연한 것으로 알았다. 나는 수런거리는 가랑잎 소리에도 밤을 새우고 봄밤 소쩍새 소리에 비명에 가신 아버지를 원망하며 베개를 적시면서도 어머니는 괜찮은 줄로 알았다.

그 철없음을 생각하면 지금도 가슴이 아리다. 결혼 후 얼마동안은 엄마가 혼자 계신 집을 자주 찾았지만 그 발길이 드물어지던 어느 날 집에 왔을 때 나란히 있어야 할 용춤항아리가 우두커니 혼자 서 있는 것이 아닌가? 실수를 하여 깨졌다고 했다. 용춤항아리는 단순한 도자기가 아니다. 어머니의 시부모님이요 남편이란 걸 나는 안다. 가신

분들을 향한 그리움을 지우듯이 닦고 또 닦고 애지중지하시던 어머니의 용춤항아리….

다시 한참 후에 친정에 갔을 때는 남은 한 개의 용춤항아리도 보이지 않았다. 어찌 된 것인가 묻는 내게 어머니는 쉽지 않게 대답하셨다. "누가 가져 갔어~" 마치 죄인 같은 목소리로 말씀하시는 어머니의 얼굴에는 후회와 회한의 슬픈 그림자가 어리었다. 아무 말도 할 수 없었다.

그러고 보니 책상 위에 있던 벼루와 연적 등도 보이지 않았다. 어두운 예감에 가슴이 덜컥했다. 집을 돌아보았다. 적지 않은 조상의 흔적들이 모두 사라졌다. 이럴 수가! 믿기지 않아서, 어딘가에 있을 것 같아서 집안을 돌고 또 돌아봤지만 그것들이 있던 자리는 텅 비어있다. 내 가슴도 함께 무너져 비워지는 것 같았다.

자초지종 어머니의 말씀을 듣자하니 깨어진 용춤항아리의 조각을 맑은 물이 흐르는 다리 아래 버렸는데 어느 날 골동품 몰이꾼들이 마을을 돌다가 이 파편들을 버린 집을 물었다. 그 출처를 알아내고 찾아온 그들은 어머니께 나머지 하나를 고가(高價)에 사겠다고 했다. 처음엔 당연히 거절했다.

그들은 혼자 계신 어머니 집을 자주 방문했다. 각가지 선물을 들고, 어머니의 인정이 조금 움직였다. 이를 눈치 챈 그들은 쌀 여덟 말의 값을 주고 용춤항아리를 가져갔다. 어마지두의 일이었다고 어머니는 변명 같은 말씀을 하셨지만 할 말이 없었다.

그 뒤에도 계속되는 방문과 선물공세는 어머니의 이성을 흐리게 했나 보다. 격의(隔意)가 없어진 그들은 집안 곳곳을 다니면서 기물들을 찾아냈고 드디어 건넛방 시렁 위에 고서적들까지 발견했으니…!

반딧불을 쫓을 때 멍석에 앉아 계시던 백발노인은 우리 집 얘기도 해 주었다. "지금 욱거리 들판이 예전에는 마을이었다. 거기에 살고 계시던 감찰나리는(어머니와 백발노인은 증조부님을 감찰나리라 지칭하셨다.) 인심이 좋았는데 손이 귀해서 아주 늦게 아드님 (나의 조부님)을 보셨고 몸이 병약하셨다. 그분(증조부님)이 돌아가신 한참 뒤 을축장마(1926년)에 마을이 모두 쓸려가서 지금은 이곳 새 동네가 생겼다. 감찰나리 집은 뼈다귀 집이라서 많은 것을 건져낼 수 있었는데 예전 귀물들이 많았다.

병약한 조부님은 부친 사후(死後)에 아드님(나의 아버지)을 서울로 유학시켰는데 학업에 관심이 없는 아버지는 닥구시(택시) 운전수가 되어서 돌아왔다. 가문의 부활을 염원했던 할아버지는 노발대발 하시어 그때부터 모든 가정사를 며느리인 어머니와 의논하고 맡기셨다."

이렇게 전설 같은 이야기를 남긴 조부님도 돌아가시고 설상가상 40세를 막 넘긴 아버지도 돌아가셨으니 청천벽력(靑天霹靂)을 당한 어머니는 오빠를 의지할 수밖에 없었다. 그랬던 아들이 분가하여 떠나고 나자 어머니는 조상의 얼이 서린 유품들을 보살피며 마음을 달래고 있었던 것이다.

이렇게 마음으로 아끼던 '용춤항아리'를 떠나보내고 난 얼마 후부터 어머니는 기운을 잃고 늙어지셨다. "십년세도가 없고 열흘 붉은 꽃이 없다더니" 여전히 토해내던 어머니의 한숨 속에는 화목했던 지난날 시부모님과 남편에 대한 그리움이 묻어 있었다.

　어머니가 돌아가시고 얼마 뒤 80년대 중반 어느 일요일 TV를 보던 나는 깜짝 놀랐다. 너무 익숙한, 우리 집안의 고락을 함께해온 그 용춤항아리가 TV 프로그램 진품명품을 통해 가치평가를 기다리고 있었다. 어머니와 함께 내 가슴에 진하게 새겨있는 정든 모습 그대로였다. 집안의 많은 사연을 간직한 채로 쌀 여덟 말에 주인마님 곁을 떠나가며 눈물 흘렸을 용춤항아리와 긴 세월 청자색 아픔을 견디시며 온몸에 많은 언어를 간직하고 있던 어머니의 소상(消詳)이 거기에 있었다.

<문예비전> 104호

옛날에 동산에

　성묘를 다녀오는 길에 멀리 어렸을 적 추억이 서려 있는 느티나무가 보이니 불현듯 옛날 생각이 났다. 그러니까 내가 초등학교 저학년 쯤이었나 보다. 복사꽃 살구꽃이 온 마을을 흐드러지게 덮은 봄부터 우리 단발머리 또래 몇 명은 저 나무의 그늘에 모여서 소꿉장난을 하며 놀았다. 포근한 나무 그늘에서 지낸 하루하루는 짧았다. 해가 저물어 가는 것도 모르고 마냥 좋았는데, 꿈결같이 아련한 시절이었다. 그 한때가 내 삶의 한 부분이었다는 것은 감사한 축복의 시간이었다.
　마을에는 세 그루의 느티나무가 있었지만 혜영이네 느티나무는 산자락을 등지고 있었기에 인적이 드물었다. 해서 그 이파리에 아롱아롱 소녀들의 꿈을 키울 수 있었다. 사금파리를 다듬어서 만든 살림살이를 굵게 돌출된 나무뿌리 밑에 숨겨두고 지내던 꼬마들의 아지트(?)라 할까? 천진하고 소박했던 우리의 고운 꿈을 키워준 곳이다. 때론 자기를 주장하며 아웅다웅 하기도 했지만 아름다운 봄 꿈이 자라던 행복한 저기에 가보고 싶었다. 아~! 그 시절 진달래 빛 동심을 품어주던 저곳을 생각하니 새삼 감사한 미소가 맴돈다. 그곳이 지금은 어떻게 되었을까.

참으로 오랜만에 동네 안 골목길로 들어서니 울퉁불퉁 흙이 패어 나가 돌부리에 걸리던 골목길은 세월의 두께에 말끔히 포장되어 있고 둥근 박이 쉬고 있던 초가지붕은 파란 개량지붕으로 변해 있다. 그리고 저쪽 동산 아래에는 꿈같은 옛 모습으로 잎이 좀 성글어진 채 옛날 그 자리를 지키고 있는 느티나무 아래서 조무래기 몇 명이 도란거리고 있는 것만 같다.

한데 내 시선에 들어온 것은 우리가 거리낌 없이 드나들던 채마(菜麻) 밭이 철조망으로 막혀 있는 것이다. 그렇게도 안온하던 우리들의 보금자리는 철조망 너머에서 인적과 격리되어 있고 방금 전 아이들의 웃음소리가 들리는 것만 같던 그곳에는 잡초만 쌓여 있다.

그 옛날 아이들의 목소리가 도란거리고 우리들 발자국에 길들었던 곳 그 자리에는 마른 잡초들과 낙엽만 쌓여 있으니 실로 격세지감(隔世之感)을 느낀다.

소꿉장난을 할 때에 우리의 손등을 간질이던 볕뉘, 꼬리를 흔들며 지절대던 텃새 몇 마리, 저보다 큰 먹이를 물고 줄지어 가는 개미들의 행군도 모두 함께 친구가 되어 놀았는데…, 모아놓은 모래알 양식이 풍부했으니 인심도 좋았다. 사금파리에 한가득 담긴 모래알 밥을 상대에게 내밀며 "잡수세요." 하고 권하던 넘치는 인정, 모든 것이 부족하고 가난했던 그 시절에 아낌없이 나눌 수 있었던 유일한 장소였다. 그때 같이 놀던 그 애들은 모두 지금 어디에서 후덕한 아낙이 되어 있겠지….

지금도 우람하게 자리를 지키고 서 있는 저 나무에는 속이 보이지 않는 어둡고 큰 구멍이 있다. 그 속에는 구렁이가 살고 있는데. 구렁이는 나쁜 짓을 한 사람은 벌을 주고 착하고 정직한 아이들은 보호해 준다는 말이 전해지고 있었다. 그 말을 절대적으로 믿고 있었던 나는 정직한 아이가 되어야 했었다. 뿐이랴! 함께 놀던 동무들 모두가 착하고 인정 많았으며 하얀 거짓말도 할 줄 모르는 정직한 어린이로 자랐으니 아마도 그 구렁이의 가르침이 아니었나 싶다.

그런데 이렇게 많은 추억이 서려 있는 그 느티나무가 지금은 인적과 격리된 채로 소외되어 있다. 게다가 철새인 왜가리 떼의 배설물 때문인가? 아니면 세월 때문인가? 투박하게 갈라진 두꺼운 껍질 사이로 붉은 살이 스쳐 보이고 있다. 소녀들의 도란거리는 웃음소리를 나이테 속에 품고 늙어온 저 나무는 지금도 구렁이의 전설을 믿어줄 소녀들을 기다리고 있지 않을까? 세월은 흘러갔고 그 속에서 문명의 바람을 재빠르게 접하고 받아들이고 있는 현실을 생각하니 지금은 나무 밑에 앉아 소꿉놀이할 아이들이 없구나.

잠시 회상에서 돌아와 발길을 돌리는데 노란 승합버스가 마을을 향해 들어간다. 아마도 읍내 유치원에 갔던 아이들이 귀가하는가 보다. 십 년이면 강산이 변한다고 했지만 요즘은 인위적인 변화의 속도가 무섭다. 이런 세월 속에서 변함없이 누군가를 기다리고 있을 느티나무. 아이들의 밝은 웃음소리가 머물고 있는 느티나무 아래서의 행복한 시간은 영원히 내 가슴에 봄이다.

<동행> p133

잃어버린 보째고개

고향마을 서쪽으로 저만치에 설성산이 있다. 설성산의 북쪽으로는 큰 계곡을 끼고 고개가 있는데 동쪽으로 장호원읍 선읍리와 서쪽의 설성면 금당리를 이어주는 험준한 고갯길 '보째고개'다. 옛날에는 많은 맹수들이 살았다는 보째고개 정상부에는 '복골'이라 부르는 '약물탕'이 있다.

복골은 고향 장호원의 품이다. 높은 산꼭대기임에도 바위 틈새로 물이 솟아나온다. 이 바위를 쪼아서 '손 우물'을 만들었는데 이물은 만병통치의 약물이라 해서 신성시했다. 해서 주변 마을에 환자가 생기면 새벽에 올라와 이 약물을 떠가지고 가서 환자에게 먹이면 깊은 병이 치유된다고 믿었다.

약물탕 머리에는 사당이 있고 사당 벽에는 커다란 호랑이 그림이 있는데 이것은 산을 지켜주는 산신령님이라고 했다. 이 산신령 덕분에 약물탕 물은 가뭄에도 마르지 않고 겨울에도 얼지 않았다. 물탕의 건너편에는 굵은 소나무가 들어찬 송죽벌판이다. 신선한 솔향기가 자욱한 이곳은 젊은이들이 낭만을 키우는 곳이다. 갈래머리 시절 이곳에서 야외전축을 틀어놓고 트위스트를 흉내 낼 때면 건너편 정자에서는 쿵더쿵 흥겨운 장구소리가 솔향기에 묻어 날아왔던 기억에 가슴이 촉촉하다.

물탕과 소나무벌판 사이에는 맑은 물이 늘 넘치는 다랑이 논이 있는데 논에는 주먹만 한 우렁이가 벙싯벙싯 웃고 있는 것을 어렵잖게 보았던 기억이다. 산 아래 입구에서 북쪽으로는 승천하던 용이 떨어졌다는 용채골이 있고 두 골짜기가 만나는 곳에 향교가 있었는데 멀지 않은 곳에 3번 국도가 생기고 신식학교가 들어서면서 차츰 쇠퇴하였다. 그러다가 훈장님이 돌아가시자 향교를 뜯은 재목으로 물탕골에 정자를 지었다. 물 좋고 풍광 좋은 이곳에 정자가 생기자 근처 마을의 아름다운 정원(庭園)이 되어 봄가을로 많은 주민이 찾았다.

장호원 5일장이 서는 날이면 보째고개 속에서 흰옷을 입은 장꾼들이 줄을 지어 넘어왔다. 소를 몰고 오는 남자들과 머리에 보따리를 인 아낙네들이 꾸역꾸역 넘어왔다가 해가 저물면 다시 그 계곡으로 사라져 갔다.

우리 '세시풍습' 중에 '화전놀이'가 있다. 긴 겨울을 보내고 농사가 시작되기 전에 '봄꽃 마중'을 나가는 날이다. 이날은 가부장적 사회에 억눌리며 지내온 아낙네들에게 자유가 주어진다. 햇살이 생글거리는 봄날, 아침부터 곱게 단장한 아주머니들은 삼삼오오 보째고개로 들어간다. 막걸리 한 동이와 흥을 북돋을 장구도 머슴의 등에 업혀 따라간다. 아낙들에게 맘껏 끼를 발산하는 것이 용납되는 해방의 날이다. 그리고 해 질 무렵이면 흐트러진 몸매의 아주머니들이 덩실덩실 춤을 추며 내려오고는 했다.

어느 해 우리 또래들은 아침에 복골로 올라간 어머니들을 뒤쫓아 돌너덜길을 올랐다. 양쪽 산비탈에는 분홍진달래가 활짝 피었고 물소리가 재잘거리는 계곡에서는 아지랑이가 피어올랐다. 어느새 우리는 정자 앞에서 턱을 받치고 앉아 덩실덩실 흥겨운 엄마들을 구경한다. 건너편 골짝의 여우도 앞 능선에 산토끼도 참나무 위에 다람쥐도 함께 구경한다. 얼마 뒤 지루해진 우리는 엄마들의 흉내를 내면서 산을 내려오다가 산길 옆 계곡으로 들어선다.

계곡에는 돌이 널브러진 바위 위로 물이 흐른다. 물속에 누운 돌멩이를 살며시 들추면 돌 밑에 쉬고 있던 가재들이 놀라서 뒷걸음을 친다. 모두가 기분 좋은 아우성에 등 뒤에서 들리던 풍악소리는 가재들의 뒷걸음 속으로 잦아든다. 뒤뚱뒤뚱 도망하는 가재를 잡아 검은 고무신에 가득 담았을 때쯤 그만 누군가 가재에게 물리는 바람에 놀라서 아우성을 하며 가재들을 모두 내던지고 혼비백산 돌아왔던 풍성한 기억이 서려 있다. 이렇게 아름다운 동심을 남겨준 계곡, 꾀꼬리와 뻐꾸기의 노래가 어울리던 계곡, 5일장이 서는 날이면 하얀 옷의 장꾼들이 드나들던 계곡을 나는 지금 아쉬운 마음으로 바라본다.

보째고개를 넘나들던 장꾼들의 모습은 70년대 "새마을운동"이 시작되면서 차츰 사라졌다. 그리고 언제던가? 이곳에 대학교가 들어온다는 소문과 함께 나는 고향을 떠나왔다. 그리고 얼마 만인가. 고향을 다시 찾았을 때는 마을 사람들은 물론이요 장호원 주민들의 휴양지였던 복골 약물탕은 군사보호구역이 되어 민간인의 출입이 금지되어 있었다.

뿐만 아니다. 승천하던 용이 떨어져서 생겼다는 용채골 계곡, 마을 꼬마들이 물장구치고 다람쥐 쫓던 그곳, 여름날 학교에서 돌아온 아이들이 삼삼오오 먼저 찾던 곳, 맑은 물 흐르는 바위 위에서 아이들은 벌거벗고 뒹구르며 놀았던 시원한 용채골 계곡도 함께 막혀버렸다.

아~! 추억의 장소 고향의 상징! 복골 약물탕이 있고 다랑이논에 우렁이와 계곡에 가재가 지천이던 보째고개와, 바위계곡에 맑은 물이 넘쳐흐르는 용채골은 이제 갈 수 없는 곳이 되었으니 너무 아쉽다.

할 수만 있다면 1년 중에 며칠이라도 주민들이 방문해서 계곡을 흘러온 여울물에 발을 담그고 옛이야기를 노래하고 싶다.

세시풍속

엊그제는 설이라고 했는데 어느새 정월대보름이 지났다. 창밖을 보니 하늘이 훤하다. 전등불빛이 너무 밝아서 둥근달을 본지도 꽤 오래다. 정월 대보름에는 즐거운 추억도 많은데….

농경사회였던 우리나라는 예부터 전해오는 세시풍속들이 많았다. 형식적으로는 신에게 제사를 지내며 풍요를 기원하던 전례이지만 그 내용 속에는 농부들이 쉬도록 잔치를 벌이며 노동력의 회복을 챙기던 선조들의 지혜가 담겨 있다.

특히 나는 개인적으로 대보름과 단오가 좋았다. 단오는 여자들의 명절이었다. 여자는 웃음소리가 담을 넘으면 안 된다고 그저 다소곳해야 한다고 들으며 자라던 그때 단옷날만은 우리 집 앞 높은 나무에 아주 길고 큰 그네를 매어 놓는다. 그러면 동네 언니들과 아줌마들이 모두 나와서 훨훨 그네를 타며 동네 경치를 구경하고 까르르까르르 웃음소리가 그칠 줄 몰랐다. 다시 7월 백중이며 한가위 등등의 풍속들이 많았지만 내게는 어린 시절 정월 대보름날의 아름다운 기억이 새롭다.

풍습들은 지방마다 다르겠으나 내가 자란 고장에서는 정월 열나흗날 밤에는 '밥 훔쳐 먹는 날'이라는 특별한 날이 있었다. 그날은 집집마다 오곡밥을 잔뜩 해서 서로 나누어 먹으며 저녁을 아홉 번 먹는다. 앞으로 다가올 농번기를 위해 힘을 저장하라는 것이겠지 당시 농촌은 가난해서 쌀이 부족했다. 해서 시커먼 보리잡곡밥을 지었지만 지금 생각하니 그건 영양밥이었다. 그 밥을 남겨 부뚜막에 두는데 이것을 누군가 몰래 가져가면 액운도 함께 가져가는 것이라고 했다.

그때 아마도 내가 한참 개구쟁이 시절이었나 보다. 그날 우리 또래들은 세시풍습을 이용해서 잊지 못할 추억의 한 조각을 만들며 대보름을 즐겼다. 대보름 전야, 공식적으로 도둑질할 수 있는 허가를 받은 날, 일탈(逸脫)의 시간을 가졌던 추억에 입가에 미소가 떠오른다.

정월 열나흗 저녁 보름달은 밝다 못해 푸르렀다. 땅거미가 드리자 남녀노소 많은 사람들은 뒷동산으로 보름달맞이를 하러 갔다. 남자애들은 구멍을 낸 깡통에 끈을 매고 불을 붙여서 휘휘 돌리며 보름달을 기다린다. 여자애들은 옆에서 불붙은 작은 나뭇가지를 하나를 집어서 휘휘 돌리면서 보름달이 뜨기를 기다린다. 드디어 멀리 동쪽 하늘이 붉게 물들면서 둥근 달이 환한 얼굴을 내밀면 저마다 불을 돌리면서 "만월이여~!"를 외친다. 그리고 무엇이든 들어줄 것 같은 보름달에게 소원을 빌었다.

얼마의 시간이 흐르면 타오르던 달집은 재만 남는다. 멍멍 짖던 강아지 소리도 잦아들 때쯤 우리 또래들은 미리 약속했던 사랑방으로 모였다. 그리고 박을 타서 만든 바가지 두 개를 나눠 들고나와서 처마 그림자를 따라 움직였다. 살금살금, 비록 암묵으로 허락된 일이지만 그래도 남의 부엌으로 밥을 훔치러 들어가려니 온몸이 좋아들었다.

지금 세상에서는 어림도 없는 일이다. 집집마다 높은 담을 치고 살든가 아니면 아파트에서 살아가고 있으니 감히 남의 집 부엌을 숨어 들어간다는 것은 엄두도 못 낸다. 아니 설혹 성공한다 해도 절도죄가 성립될 것이다. 하지만 별이 총총하고 초가지붕이 정겹던 그 시절, 세시풍속은 철이 없던 우리들에게 자유로운 일탈의 용기를 주었다.

사립문을 살짝 제쳐둔 집주인의 너그러움과 솥 안에서 기다리는 밥그릇이 어설픈 우리를 반긴다. 우리들은 최대한 목소리를 낮춘다. 허락된 풍속이라도 남의 집 부엌에서 몰래 밥을 꺼내 오는 일은 쉽지 않다. 속살거리는 그림자가 살금살금 처마 밑으로 숨어든다. 바가지에 밥이 채워질 때쯤 어느새 달은 중천으로 휘영청 올라 있고 사방은 대낮같이 밝다. 발끝으로 살금살금 걷는다 해도 여럿이고보니 수선스럽다. 쉿~! 작은 소리에도 기겁을 했고 우리는 소리를 죽이면서 배꼽을 움켜쥔다.

안개를 머금은 하얀 달빛이 골목에 흐르는 밤, 절대적인 금기를 깬 통쾌함에 우리는 즐거웠다. 뒤에 알고 보니 원래 이 풍습은 너무 가난해서 명절에 밥도 제대로 못해 먹는 사람들을 위해 만들어진 풍습이라고 했다. 이렇게 가난한 이웃을 배려하는 마음이 담긴 우리 선조들의 지혜를 남용했던 그날을 돌이켜보면 미소가 떠오르곤 한다.

당시에 한참 읽히던 빅토르 위고의 <레미제라블>에서 장발장은 배고픔에 떨고 있는 조카들을 보다 못해 빵 한 조각을 훔친 후 죄가 추가되어 19년을 옥살이를 했는데, 우리는 명절의 즐거움으로 초가집 부엌을 쓸어 담아 와서도 면죄부를 받을 수 있었으니 이는 세시풍속이 우리에게 준 엄청나게 너그러운 선물이었다. 그 뒤 농촌의 발전과 함께 세시풍속의 인심도 슬며시 사라지고 철없는 짓을 저지르고도 마냥 즐겁기만 했던 그때가 엊그제 같으나 까마득히 반세기가 흘렀다.

그날 안개를 품고 골목을 흐르던 하얀 달빛이 짬짬이 그리워지는 것은 나뿐만이 아니겠지….

<에세이> 2022년

설성산 신흥사

 고향에 있는 지역 문화재 설성산 신흥사를 찾았다. 설레는 마음으로 자동차를 타고 범종각 앞에 내려서니 웅장하면서도 성큼 눈앞에 있는 법당이 세월의 격세지감(隔世之感)을 말해주고 있다.
 새로운 법당과 범종이 서 있는 이곳은 고향의 품이었다. 초등학교 시절 여러 학교에서 소풍을 오면 각 반으로 나누어 앉아서 오락시간을 즐기던 넓은 가슴 같았던 장소다. 소풍날이면 돌너덜 비탈길을 숨을 할딱거리며 올라와 이곳에서 겨우 숨을 돌릴 수 있었다.
 나는 추억을 떠올리며 가풀막 계단을 올라갔다. 이곳 누에머리에는 예전의 법당과 산신당이 보존돼있다. 여기서 마당 동쪽에 있는 누각을 돌아서면 산코숭이에 자연으로 만들어진 기막힌 전망대가 있었다. 여기에서는 눈 아래 장호원읍과 청미천 너머에 있는 충청북도의 여러 마을이 한눈에 보이는 곳이다. 이토록 멋스러운 풍경들을 보고 모두들 감탄했던 곳이다.
 그 뒤 더러 다녀갔으나 중건된 법당 앞까지 온 것이 전부였다. 그러나 오늘은 정말로 오랜만에 가슴이 확! 트이는 전망을 보고 싶어 산 코숭이로 나갔다. 한데 웬일인가? 거기에는 세월의 장벽이 꽉 막혀 있었다. 반백 년 제재받지 않고 자란 나무들이 하늘을 찌르며 눈앞을 막고 있어서 이곳은 완전히 세월의 둥지 속에 가두어져 있었다.

신라 내물왕 때에 이곳에 진을 치고 전쟁을 하던 장수가 이산에 성을 쌓아야 되겠다고 생각하며 잠이 들었다. 다음 날 잠에서 깨어 보니 산 둘레에 하얗게 눈이 내려있었다. 장수는 눈이 내린 자리를 따라 성을 쌓았고 그때부터 이 산을 설성산(雪城山)이라 부르게 되었다. 주위가 넓은 곡창지대였으므로 백제와 가야 등으로부터 많은 침략을 받았고 노략질 또한 심했다.

해서 고구려 광개토대왕의 도움을 받으며 거의 속국이 되었던 신라는 통일신라를 거치면서 이곳에 성을 쌓았던 장수를 기리고자 절을 지었다. 고려시대에는 불교를 숭상하였기 때문에 이 절은 왕의 행차를 받아가며 국가의 안녕을 기원하는 명 사찰(名寺刹)로서의 소임을 다했다.

그 뒤 고려가 망하고 국호가 조선으로 넘어가면서 중국의 성리학을 받아들인 조선은 '숭유억불' 정책을 펼치게 되었다. 때문에 한때 폐사되었을지도 모르는 이 절은 1700년대 말 중건되었다. 하지만 조선이 받아드린 숭유억불 정책은 이 사찰에 심한 시련을 주었기 때문에 제대로 된 기록물조차도 없게 되고 말았다.

경기평야 곡창지대에 위치해 있으면서 이천시 장호원읍과 설성면 율면 등을 아우르는 설성산 주위에는 능선과 야산뿐이다. 그 가운데 홀로 깊은 계곡과 수려한 능선을 가진 힘준하면서도 아름다운 산이고 보니 자연히 찾는 사람이 많았다. 불교를 숭상하던 고려시대에는 뭇 백성들의 정성과 공양을 받으면서 또한 백성들의 안녕을 기원하는 불경소리가 쉴 사이 없었으리라.

1872년에는 동북면 음죽현(음죽읍내)과 함께 고지도서에 기록되면서 신흥사는 그 명맥을 굳혔다. 하지만 조선 말기, 전쟁과 흉년 기근 등의 시련을 겪으며 사찰이라기보다 암자의 형태로 유지하면서 폐사 위기를 견디고 있었던 중에. 1918년 해송 스님이 이곳을 찾았을 때는 만적암이라 부르는 암자로 유지되고 있었고. 해송 스님은 다시 3번째 중건을 시행했다. 백성들의 호구지책도 어려운 시절 설성산 누마루에 법당과 산신당을 재건하고 매일 새벽 청아한 목소리로 불경을 바쳤다. 스님의 목탁 소리는 산 아래 마을에 낭랑하게 흐르면서 국가와 마을의 평안을 기원했다. 또한 새벽마다 들리던 신흥사의 불경소리는 민초들의 마음을 맑게 해 주었다. 이 소리가 들리던 산 아랫마을이 내 고향이며 어렸을 적 나는 새벽이면 맑은 불경 소리를 들으며 잠이 깨고는 했다.

1960년대 중반 해송 스님이 입적하시고 월선 스님이 신흥사를 맡았다. 월선 스님은 절의 이름을 '신흥사'로 올리고 4번째 중건을 했다. 우선 오르기 너무 힘들던 돌너덜 산비탈을 포장하여 자동차가 다닐 수 있도록 접근성을 완화시켜 놓았다. 그리고 누마루에 있는 기존에 성지를 삼신각 나한전, 지장실로 보전하면서 가풀막 아래 빈터 그러니까 예전 어린이들이 소풍을 왔던 품 안에 새로운 법당과 범종각 요사채 등을 중건하였다.

  그 즈음, 부처님께서 꿈에 월선 스님께 입상석불을 선물로 주셨다. 다음 날 꿈에 본 그 자리에 가보니 인부들이 모래 속에 묻혀있는 입상석불을 캐어내고 있었다. 아마도 고려시대에 제작된 석불입상이 조선시대에 핍박으로 인하여 유실되었던 것이리라…. 월선 스님은 신흥사 입구에 역사를 말해주는 석조여래입상을 모셔놓고 찾아오는 신도들을 맞이하고 있다.

  만적암의 해송 스님으로부터 1세기가 넘었고 월선 스님 또한 산사에서의 생활이 回年을 넘겼으니 앞으로도 오래오래 신흥사와 석가여래 입상석불을 지키며 국가의 평화와 중생들의 안녕을 빌어줄 것을 믿어본다.

<문예비전> 125호

봄이 오는 길목

 거실 유리창 쪽으로 제라늄 화분 몇 개가 놓여 있다. 분마다 다른 색으로 피어 있는 꽃들이 소박하면서 화사한 것이 거실 분위기를 한결 밝게 해준다.
 지난 초봄 꺾꽂이로 뿌리를 내려 화분에 옮겨 심었는데 여름을 넘기면서 제법 가지가 벌었다. 그 가지 끝에 얼마 전부터 하나둘 봉오리가 맺기 시작했다. 그리고 날씨가 혹독하게 춥던 날 발코니에서 거실로 자리를 옮기니 푸른 잎들이 거실의 공기를 정화시켜 준다. "춥지는 않니 얘들아?" 기온이 내려간 날이면 아침에 일어나 먼저 꽃들을 들여다보며 인사를 한다. 둥글고 파란 제라늄의 이파리가 배시시 미소를 짓는다.
 하나둘 꽃봉오리가 생기기 시작하면서 매일마다 새로운 봉오리를 찾아보는 기쁨 또한 새롭다. 봉오리는 자꾸 늘어나는데 좀처럼 잎을 터트리지는 않고 도도하게 거드름만 피운다. 그리고 꽃대만 길게 목을 빼고 자란다. 그러던 어느 날 드디어 몇 개의 봉오리가 터졌다.

"와~ 드디어 피었구나! 정말 반가웠다. 빨강, 분홍, 살구색, 동색 계열의 꽃들이 하나 둘 피어나기 시작하니 거실이 훨씬 밝다. 나는 매일 아침 꽃들과 인사를 한다. "예쁜 꽃들아 춥지 않았니? 오늘도 편안하게 잘 피어나라.~!" 꽃들은 방글방글 웃는다.

 애들과의 대화를 하고난 뒤면 난 가슴이 넓어지고 마음이 훈훈하다. 지금 창밖은 폭풍한설로 삭막하기 그지없는데 우리 집 거실에는 제라늄의 화사한 미소가 따듯하다. 봄의 전령이 문틈으로 기웃거리는 것을 느낀다.

 한데 얼마 전 집안에 일이 생겨서 며칠 동안 애들에게 신경을 쓰지 못했다. 날씨마저 무척 추웠다. 며칠을 제 혼자 지내고 마침내 따스한 햇살이 칼바람을 녹여주던 날 긴 외출에서 돌아왔다. 우선 전등을 밝히고 보니 이 꽃들의 시선이 왠지 설다. 꼭 나를 외면 한 듯이 보였다. 꽃들이 모두 고개를 돌려 창밖을 바라보고 있는 것이 아닌가? 아마도 나의 관심이 부족해서 삐졌나보다. 고개를 돌린 꽃송이들을 보니 정말 미안했다.

 태양의 사랑을 듬뿍 먹고 자라야 할 식물을 베란다를 거쳐 2중의 유리창으로 차단한 채 거실에 두고 며칠을 무심했구나! 하니 너희는 태양의 그 사랑을 취하고 싶어서 고개를 빼고 창밖에 햇살을 짝사랑 하고 있구나 하는 생각이 들었다. 난 목을 빼고 태양바라기를 하는 제라늄의 반항(?)을 보며 변하지 않는 진리, 사랑의 힘을 느낄 수 있었다. 엄동설한 1월에 꽃들에게서 정말 진정한 사랑의 갈구를 알게 된 지금 거실 안을 가득히 채우고 있는 태양의 위대함을 생각한다.

이 세상 모든 생물들은 태양의 에너지에 의해 살아간다. 사람과 사람 사이에도 사랑이 있어서 그 사랑의 에너지로 인해 행복하고 즐겁고 또한 슬픔과 고통을 이겨나간다. 그러니까 지금 제라늄은 생명을 영위하는 기본이 사랑이라는 것을 알려주고 있는 것이다.

마음속에 사랑이 피어날 때 어떤 시련도 난관도 이겨낼 수 있으며 진정 아름답고 행복하다. 그러니까 거실의 제라늄들이 내가 며칠 동안 자기들에게 소홀히 했다고 사랑이 식었다고 서운한 마음을 몸소 보여준 것이다. 미안하다 얘들아 나도 너희들을 사랑한다. 태양이 너희를 품고 사랑하는 그만큼 나 또한 너희를 사랑한다. 이해해 주렴 얘들아! 어떻게 그렇게 모두가 토라져서 나를 외면할 수 있니.

미안한 마음으로 나는 이파리에 앉은 먼지를 닦아준 후 화분들을 모두 돌려놓는데 제라늄 특유의 향기가 실내 공기를 한번 흔들며 거실에 가득하다. 제라늄의 강한 향기와 친해지는 데는 꽤 오래 걸렸다. 처음엔 여름에 벌레도 덤비지 못할 만큼 향이 강해서 가까워지기가 어려웠다. 하지만 한대성 식물로 겨울에 꽃을 피우는 강한 생명력에 끌려 계속 키우다 보니 이젠 그 강한 향이 매력이 되었다. 좋은 것도 싫은 것도 나의 편견이었나 싶게 지금은 그 향기가 참 좋다.

목이 길게 자란 제라늄 꽃송이가 나를 바라보며 멋쩍게 웃는다. 서운했던 마음이 풀렸는가 싶어 마음이 한층 가볍다. 거실 창문 밖 베란다에는 동백꽃이 빨간 입술을 살포시 벌리고 있다. 그리고 창문 너머로 보이는 정원의 목련이 모질게 불어대는 겨울 삭풍 속에 몸을 가누지 못하면서도 뾰족하게 입술을 내미는 것을 보니 아마도 봄이 가까이 오고 있나 보다.

거실에 찾아온 햇살과 화분의 예쁜 꽃들이 활짝 사랑을 나누고 있는 이 아침! 아직 바람은 차갑지만 남쪽 하늘 저만큼쯤에서 찾아오는 봄이 어린다.

백로의 비애

늦은 오후 외출에서 돌아오는 길이었다. 무심히 기흥역 앞을 흐르는 신갈천을 바라보는데 백로 한 마리가 힘겹게 날더니 휘청거리는 버드나무 위에 앉는데 무척 외소(矮小)해 보였다. 또 멀지 않은 곳에서 다른 한 마리가 꼭 같이 지친 날갯짓을 하며 무겁게 자리를 옮긴다. 어디 쉴 곳이 없는가? 두리번거리는 것 같은 모습이 몹시 지쳐 보이고 왠지 슬퍼 보인다.

집에 돌아와서도 계속 지쳐 보였던 백로의 상황이 마음에 걸렸다. "어떻게 하지? 도와줄 수는 없을까?" 며칠 후 다시 그 길을 지나면서 나는 목을 빼고 그들을 찾았다. 마침 한 마리가 흐르는 물에 발을 담그고 껌뻑껌뻑 먼 하늘을 바라보고 있는데 멀지 않은 곳에 또 한 마리가 맥없이 고개를 숙이고 있다.

그들은 먼저 보다도 많이 지쳐 있다는 것을 곧 느낄 수 있었다. 엉덩이 쪽에는 진흙물이 들어서 추리해 보이기까지 하다. 나는 기흥역 버스정류장에서 내려 개천을 살펴봤다. 기흥역 다리(橋梁)와 옛 녹십자다리(橋梁) 사이는 개천이 흐르다가 휘돌아가기 때문에 얘들이 더욱 고립될 수밖에 없는 지형이다. 게다가 녹십자 다리를 지나면 또 다른 공사를 하고 있는 것 같다. 혹시나 객체가 더 있을까 싶어 살펴보았지만 백로는 그들 두 마리뿐이다.

얼마 전까지만 해도 녹십자(전에 있던)의 얕은 건물 뒤에 있는 성뫼산과 신갈천은 백로가 쉽게 넘나들던 곳이었다. 한데 요즘 긴 공사 끝에 30층 이상의 아파트가 가득히 들어서서 장벽을 이루었다. 그리고 다른 한쪽은 42번 국도, 자동차가 쉬지 않고 달리는 시가지다. 그러니 집으로 돌아갈 길을 잃어버리고 개천에 휘청거리는 버드나무에서 잠을 자고 있는 것 같아 애처로워 보인다. 쟤네들은 목을 길게 빼고 무슨 생각을 하고 있는 것일까?

'아~! 지난날 부모님과 편히 잠을 자던 그 집이 저 너머 어디쯤 있을 텐데~. 그때 다른 살 곳을 찾아 힘차게 날아가는 동무들의 뒤를 따랐어야 했는데, 고향을 지키려는 일념으로 이곳에 남았던 것이 큰 실수였어, 앞으로 어떻게 하면 좋을까? 이제 이대로 '노숙 백로'의 신세가 되어 고달픈 삶을 살아야 하나보다.'

백로가 눈물을 뚝뚝 흘리는 것만 같다. 멀지 않은 곳에 그의 짝이 있지만 서로 힘이 부쳐 반가운 줄도 모르는지 데면데면하다. 하지만 온 힘을 다해 사방을 둘러본다. 막막하다. 저쪽 어딘가에 옛집이 있을까? 그립다! 고개를 돌려 힘들게 짝을 바라본다. 그도 먼 하늘만 바라보며 탈출구가 없을까 생각하고 있는 가 보다. 불가능하다! 불가능하다! 우리는 그리운 옛집을 다시는 못 가고 노숙 백로가 되었구나. 끼룩~! 끼룩! 다시 한 번 힘을 다해 구조를 기다리는 비명을 질러보지만 그 울음은 자동차 소리에 묻히고 아무도 관심이 없다.

 내 어린 시절을 보낸 고향은 부근에서 유일하게 산이 푸르고 물이 맑은 곳이다. 마을 앞 남산에는 소나무가 우거져 있었는데 해거름이 되면 수백 마리의 백로가 푸른 소나무 밭을 하얗게 덮으면서 끼룩끼룩! 한종일 헤어졌다 만나는 상봉의 기쁨을 나눈다. 파란 솔밭에 하얗게 앉은 백로가 날갯짓하는 풍경! 그곳이 내 고향마을이다.

 어느 백마 탄 왕자님이 찾아올 것만 같은 조용한 이 마을에 밤이 지나고 고요한 새벽을 깨우는 것은 백로다. 동쪽 하늘에 여명이 드릴쯤이면 먼저 잠을 깬 가장(家長) 백로들은 둥지 위를 점검하는지 기분 좋게 지절거리며 작은 원 몇 바퀴를 돈다. 끼룩~! 상큼한 아침 공기 속에 황새들의 목소리가 울려 퍼지면 농촌의 아침도 시작됐다.

 많은 백로들이 멋진 깃을 저으며 창공을 날고, 벼가 한참 자라는 초록색 논에서 우아하게 물고기를 사냥하는 모습은 평화로운 내 고향마을의 자랑이었다. 길고 멋진 다리를 자랑하는 듯 유유자적 한여름의 더위를 즐기는 하얀 백로의 모습이 아직도 선연하다.

 이렇듯이 멋진 백로들을 보며 자라온 나는 저렇게 초췌한 백로를 보는 것이 너무 안타깝다. 미미한 힘이나만 저들을 도울 수가 없을까 생각해보지만 암담하다. 생각 끝에 우선 구청으로 전화를 걸어 알아봤다. 평택 '야생동물보호소'의 전화번호를 알려줘서 즉시 보호소로 전화를 해봤으나 그곳에는 다치거나 병든 동물을 관리한다고 했다. 결국 나는 마음뿐이지 조금도 백로를 도와줄 수가 없게 된 것이다. 이것이 인간과 동물의 관계에서의 한계일까?

  백로야! 미안하다! 인간들은 자연을 마음대로 할 힘이 있다. 해서 끝없는 발전을 구가하는 중에 이렇게 너희에게 피해를 주는구나! 많은 생태계가 파괴되고 야생동물의 안식처가 사라진다는 것을 알면서도 어쩔 수 없는 경우가 많단다. 너희는 조류이기 때문에 어디든 날아갈 수도 있는데 무리와 함께 떠나지 못하고 높은 콘크리트 장벽에 고립되고 말았구나. 너희들 세계나 인간의 세계나 약삭빠른 자들은 모두 좋은 환경을 따라 주거지를 옮기고 기회를 잡는데, 너도 어리석은 나를 닮았는가? 기회를 잡지 못하고 이곳에 뒤떨어졌구나.

  그러니 어쩌랴, 너를 도와주고 싶지만 지금 내 힘으로 어떻게 할 수가 없다. 할 수만 있다면 너를 보쌈해서 내 고향 마을로 데려다 주고 싶다. 하지만 내겐 그럴만한 능력도 없으니 마음뿐이다. 백로야 제발 너희들은 황폐화된 환경에 적응하기보다는 어딘가 탈출구를 찾아 너희 무리가 있는 곳을 찾아가기를 간절히 바랄 뿐이다. 용기를 내라 백로야 정말 미안하다.

<문예비전> 105호

추억 묻은 친구

　새벽 여명(黎明)이 내려앉은 뒤뜰에 섰다. 어제 낮 가을바람에 춤추던 풀잎이 밤새 내린 서리를 입고 서슬 푸르게 곤두서있다. 나뭇가지에서는 차고 날카로운 서릿발이 눈을 쏘아본다.
　가을 아침 초가집 지붕 위에도 정원에 핀 국화에도 살벌한 얼음기둥을 만들어 세우고는 했던 서릿발이다. 무서운 할아버지의 호통이 서릿발 같다고 했었지… 정말 잘 표현된 말이라고 생각되어 슬며시 웃음이 나온다. 한데 새벽 먼동이 온 누리를 비추기 시작하면서 그 날카롭던 기개는 어디로 가고 서리는 사르르 녹았다. 이 아침, 뒤뜰에서 스러지는 서리를 보며 나는 며칠 전 우리 곁을 떠난 친구가 생각났다.
　얼마 전 유년 시절 많은 추억을 공유하며 지냈던 친구의 부음을 들었다. 그녀와 나는 아버지가 안 계셨기 때문에 아버지의 몫까지 제재를 받는 비슷한 환경으로 더욱 가까이 지냈다. 때문에 보편적으로 얌전했으나 가끔 일탈의 시간을 갖기도 했다.

예전 고향에서는 언니 오빠들이 가끔 서리라는 이름의 오락을 했는데 농부들이 키워놓은 농작물을 몰래 훔쳐다(?) 먹는 그런 장난 아닌 도락이라고 할 수 있는 것이었다. 다행히 젊은이들이 억눌린 마음을 해소할 돌파구가 필요한 것을 이해했을까? 크게 범죄 시 하지는 않았던 것 같다. 그러니까 언니 오빠들은 가끔 서리를 해왔다는 소문이 우물가에서 퍼지고는 했지만 크게 혼이 났다는 말은 듣지 못했다. 그래서 우리 단발머리 또래들도 그거 한번 해보고 싶었다.

 고향마을은 약 80호 정도의 작지 않은 시골마을, 사람들은 가난했지만 부드럽고 따듯했다. 우리는 부모의 기대도 부응해야 했지만 나름대로 개구쟁이였는가 보다. 외로운 마음을 서로 기대던 우리들은 어느 날 저녁 서리를 할 기회를 만들었다. 어머니가 나들이 간 집에서 친구들이 모였다. 그중에 누군가가 서리를 하자고 제안했다. 언니들의 서리 경험을 들으며 짜릿한 긴장감이 은근히 부러웠던 터라 모두가 의기투합했다.

 아마도 여름이 꼬리를 내리고 가을이 막 들어선 계절이었나 보다. 우리들은 하얀 달빛이 흠뻑 내려앉은 들로 나갔다. 들판에 지천인 농작물을 서리하러 가는 것이다. 농부들이 애써 가꿔놓은 작물을 탈취 당하는 것이 얼마나 시리고 허망했으면 이를 '서리'라고 했을까? 지금 생각하면 정말 잔인한 짓이었지만 당시의 우리들은 그냥 즐거움이었다.

 아직은 뱀의 출몰이 무진장 겁나기도 했던 그 날 저녁 하얀 달빛을 밟으면서 조용조용 옥수수밭으로 갔다. 뱀이 나올까 오싹오싹하고 대낮같은 달빛 속에서 누군가 우뚝 나타날 것만 같은 밭에는 우리의 키만큼 자란 옥수수나무가 가득하다. 열매를 업고 줄지어 서 있는 그 많은 옥수수 중에 하나씩을 잡고 비틀었다. 그랬는데 그만! '삐꺼어억' 달밤의 적막을 깨고 옥수수의 비명이 온누리를 찢는다. 모두들 깜짝 놀라서 밭가로 뛰어나왔다. 그리고는 콩닥콩닥 뛰는 가슴으로 배꼽을 잡고 소리죽여 웃어가며 주위를 살핀다.

지금 생각하니 마을과의 거리가 꽤 되었기 때문에 마을까지 옥수수의 비명이 들리지는 않았을 것이다. 한데 첫날밤 도둑들은 제발이 저려서 그렇게 놀라고 말았다. 그리고 이번에는 소리가 나지 않는 고구마 서리를 하자고 의견이 일치됐다. 이왕이면 부잣집 고구마 밭으로 갔다. 서리를 해도 기본 양심은 있었던 게다. 그 밭에는 고구마 넝쿨이 아주 실했기 때문에 당연히 커다란 고구마가 주렁주렁 달렸을 것이라고 생각했다. 잡초가 우거진 밭둑을 넘어가는 것도 공포였다. 뱀은 늘 내 의식에 공포의 복병으로 도사리고 있었기 때문이다.

아카시아나무가 둘러서 있는 밭은 어둑하다. 앞장선 친구는 고구마 넝쿨 속으로 손을 집어넣어 확인하고는 "에이~ 없다."를 연발한다. 뒤에서 가까스로 소쿠리를 들고 있는 일행과는 달리 앞에 선 친구는 넝쿨은 좋은데 고구마가 달리지 않았다고 투덜댄다. 고구마 몇 폭을 더듬었지만 실패했다. 아마도 계절이 좀 일렀나 보다. 비록 실패했으나 그래서 맨손으로 돌아왔지만 우리들은 새로운 용기로 도전

했던 즐겁고 재미있는 추억이었다. 그날의 추억을 오래오래 되새기며 많이 즐거웠지….

 그 뒤로 서리문화는 차츰 사라져가지 않았나 싶다. 내 가슴에 제일 넓은 부분을 차지했던 친구야! 고물고물 추억을 남겨놓은 영아! 너의 집 뒷산에 느티나무는 우람하게 버티고 있는데 어째서 이렇게 아침 햇살에 서리가 사라지듯 그렇게 가버렸느냐? 원망스럽다! 그리고 그립다 친구야! 네가 있는 그곳에서도 즐거운 일들 많이 경험하며 행복하게 지내기 바란다. 찬 서리 녹아내리는 이 아침 울컥! 밀려오는 그리움 뒤에 우리가 함께했던 많은 추억들을 그려본다.

비 온 날의 낭만

 푹푹 찌는 더위를 몰아내며 소나기가 억수로 쏟아진다. 시들하던 마음이 싱싱해진다. 우산을 들고 집을 나선다. "어디 가게?" 남편의 물음에 "그냥 좀" 끝을 얼버무린다.
 폭우가 퍼붓는 길을 걷는다. 우산에 떨어지는 빗소리가 가슴에 닿는다. 용뫼산 모롱이를 돌아 흐르는 상하천변을 걷기 위해 들어서려니 입구에 포토라인이 쳐있다. 출입금지다. 아~, 위험을 예방하고자 하는 공무원들의 노고가 보인다. 되돌아서서 무작정 도로를 걷는다. 신갈천과 상하천 두물머리가 만나는 삼거리 다리 위에 서서 내려다본다. 두 개천물이 만나면서 요란하게 반가워하는 광경을 보니 천변길을 걷지 못한 아쉬움이 풀린다.
 구릉! 구릉! 억수로 퍼붓는 소나기가 포효한다. 하지만 다시 들으니 그냥 서로를 반기며 얼싸안는 환희의 아우성이다. 얼마 전 대기에서 만나 함께 하늘을 여행하던 구름의 입자들이 몌조산과 용뫼산 상공에서 서로 이별했다. 한데 오늘 각각의 골짜기를 흘러와 다시 만났다고 재회의 기쁨을 나누는 소리다. 구릉! 구릉! 다시 만났구나! 반갑다! 요란한 물보라에 잊었던 그림이 겹쳐온다. 아주 익숙하고 그리운 그림이다.

고향마을에는 안 말과 건너 말 사이에 넓은 모래사장의 개천이 있다. 지금 이곳 신갈천의 광경과 닮은 그곳을 우리는 갱변이라고 했다. 아마도 강변을 부르는 방언이었나보다. 갱변에는 가을부터 봄까지 건기에는 깨끗한 모래사장이라서 동네 아이들의 놀이터이자 운동장이다. 달그림자를 밟으며 강강술래도 하고 씨름도 하며 대보름날에는 마을을 돌아서 온 깽매기(풍물놀이)들이 끝자락을 장식하며 줄다리기도 했다.

봄이 깊어지면 흐드러진 아카시아 향기 속에서 그 꽃을 따먹으며 모래 위를 뒹굴던 이곳에 장마철이 되면 물이 쏟아져 온다. 설성산 계곡마다에서 흘러오는 물은 대단한 폭포를 이루며 밀려온다. 으르렁거리는 물결은 둑을 쓸어가고 마을을 삼킬 것 같다. 어른들은 밤잠을 반납하고 나와서 갯둑을 지키지만 철이 없던 우리들은 사람들이 많이 나와서 들썩이는 것이 그냥 좋기만 했다. 마을 서쪽에 있는 설성산은 높고 깊은 산이다. 큰골, 작은골, 복골, 능골, 통복골, 용채골 등등 골짜기마다에서 흐르는 물은 마을에 풍년을 주지만 장마 때가 되면 산더미 같이 몰려오는 물 때문에 갱변을 사이에 두고 동네가 두 개로 나누어진다.

노도 같은 물이 갯둑을 삼킬까 봐! 어른들은 비상이 걸리지만 우리

애들은 마냥 좋아서 갯둑으로 모여와 물 구경을 했다. 그렇게 낭만이 출렁이며 흐르던 갱변의 추억 때문일까? 난 비가 오면 그냥 좋다. 그리고 고향을 느낀다. 오늘도 이렇게 풍만한 물 더미를 바라보며 가슴은 동심으로 향한다. 우산 속으로 낭만 묻은 빗방울이 날아든다. 상큼하다. 이런 날이면 집안을 맴돌던 부침개 냄새가 그립다. 오늘 이 빗속에 고향이 있고 힘차게 흐르던 갱변이 있고 옷을 적시고 다닌다고 나무라던 엄마의 꾸지람이 있다.

그리움에 젖으며 계속 걸었다. 호도독호도독 우산에 떨어지는 빗방울에 다정한 속삭임이 정겹다. 발밑 보도블록에는 맑은 물이 고여 흐른다. 이건 고향 마을 골목을 흐르던 작은 여울물 같다. 물속에 송사리 한 마리가 노닌다. 깜짝 반가워서 집어 올리니 버들잎이다. 부드럽던 바람이 갑자기 힘을 싣고 불어온다. 미처 손쓸 새도 없이 우산이 뒤집혔다. 방어를 잃어버린 온몸이 추억 묻은 빗물에 젖는다. 새삼 엄마의 나무람이 그립다. 엄마의 꾸지람은 포근했다.

어느새 강남대 앞이다. 버스로 세 정거장, 커피집 간판이 눈에 들어온다. 일없이 찻집 문을 열고 들어서는 것이 얼마만인가? 실내를 둘러보니 젊은 친구들이 가득하다. 무시하고 창가에 자리를 잡고 향기 나는 커피잔을 마주한다. 커피는 향으로 비는 소리로 서로를 당긴다. 하던 누군가의 독백이 생각난다. 등 뒤의 사람들은 조용히 젊음을 조적해 나가는가 본데 나는 젊은 날을 소환한 행복에 젖는다.

집으로 가야지… 찻집을 나왔다. 버스를 탈까? 아니 걷자! 빗속에는 그리움이 있고 낭만이 있다. 이번엔 아파트 담장 쪽을 끼고 집으로 향하는데 8월의 녹음이 비를 한아름 안고 늘어져 있다가 초록빛 빗물 한 덩이로 우산을 때린다. 쭈룩~! 그래 고향의 아카시아나무도 이렇게 뭉텅이의 물로 우산을 때렸었다. 빗물의 리듬에도 고향이 있다.

  멈칫 쉬던 빗줄기가 다시 요란하다. 몸이 젖는다. 으슬으슬 젖어드는 몸을 어딘가에 쉬고 싶다. 버스를 탈 걸 그랬나 보다. 하지만 이미 늦었다. 동심에 젖은 내 사고는 이미 시행착오를 선택하게 했고. 이에 도취된 나는 좀 무리했나 보다. 무겁게 젖어드는 몸을 느끼며 집으로 향한다. 젖은 옷이 온몸을 끌어당기는데 겨우겨우 현관문을 열었다. 몸이 파김치지만. 가랑비를 맞으며 다녀온 마음은 봄비 맞은 새순이다.

석양의 독백

 내 생(生)의 중천을 지나고 주어진 책임과 의무에서 벗어나는가 할 때 쯤 돌연 먹구름이 들기 시작했다. 그동안 부려먹기만 하고 관리를 제대로 못한 무릎 관절의 마모였다. 그동안 늘 아킬레스이었지만 설마 했는데 지난해 봄 갑자기 땅을 디딜 수조차 없었다.
 부지런히 병원을 다니며 회복해 보려 했으나 차도가 없어서 결국 무릎인공관절수술을 받았다. 수술이란 것은 일단 겁이 났다. 하지만 수술 후에 새로운 삶을 살아갈 수 있다는 기대에 용기를 가졌다. 그러나 예후가 좋지 못했다. 먹구름인가 했더니 소나기가 오려나 보다.
 뼈를 깎는 아픔이라 하더니 예상하지 못한 통증이었다. 꿈인지 생시인지 분간할 수 없는 몽롱한 속에 몇 날 밤을 새우고 일주일 만에 재활병원으로 갔다
 식사를 못해서 더 아픈 건지 통증 때문에 밥을 못 먹는 건지 비몽사몽으로 벌겋게 부은 다리에 얼음찜질을 하며 진통제로 새우려니 차라리 죽느니만 못하다. 의료보험 적용 기간이 만료되어 옮겨온 요양

병원에서도 고통은 진행형이다. 발목부터 고관절까지의 심한 통증이 나를 사로잡아 토할 것만 같다.

요양병원, 병실에서는 여러 환우가 함께 지내야 하니 나름 규칙이 있다. 해서 개인의 자유를 자제해야 할 때가 많다. 초저녁 9시면 전등은 꺼야 하고 잠은 안 오고 밤은 길고도 길다. 째깍째깍 초침 소리를 따라 세월은 빠르게 지나가는데 난 무한한 바다를 표류하는 작은 난파선(難破船)이 된 듯하다. 배는 앞으로 가려는 내 의지와 관계없이 자꾸만 물밑에 가라앉는다. 어두운 심해가 음흉한 웃음을 흘린다. 아! 나는 이대로 가라앉고 말 것인가? 다시 걷지 못하는 것은 아닐까? 안돼!, 난 이대로 주저앉을 수 없어,

적막 속에 온갖 번뇌가 괴로운데 곁의 침대 환우가 움직인다. 밤중 한가운데인가보다 차례로 화장실을 다녀오다가 누구인가 시간이 좀 걸리자 큰일은 공동화장실로 가라고 방장이 큰소리를 친다. 방장이라 부르는 그는 60대 후반까지 양로원을 찾아다니며 고전 춤 재능기부를 했단다. 그런데 이제 80을 바라보며 요양병원 신세를 지고 있으니 세월 앞에 장사 없다며 과거에 산다.

잠시 아픈 신경을 그들에게 돌리다가 설핏 잠이 들었는가 싶은데 아침 식사란다. 음식이 종이쪽 같아서 도저히 못 먹겠다. 상을 물리고 유산균 하나를 마시고 나니 주치의의 회진이다. 부드러운 미소와 등을 다독여주는 손길이 고맙다. 그러나 부은 다리를 보며 특별한 처방을 내리지 못하고 수술한 병원의 응급실에 다녀오라고 한다. 응급

실? 겁이 더럭 났다. 많이 잘못됐나 보다. 하지만 응급실을 가느니 죽고 싶다고 했더니 염증이 내릴 때까지 걸음 연습도 하지 말란다. 걸음 연습도 못하니 침대에서 벌건 다리만 들여다보고 있을 수밖에….

94세의 영희 할머니가 다가와 뭘 좀 먹어야 한다고 음료수를 주신다. 할머니는 부드럽고 다정해서 가끔 엄마를 느끼며 고통을 던다. 운동치료실 치료사가 안마를 해주는 것도 통증을 줄여준다. 이대로 나으면 정말 좋겠다고 생각하며 모처럼 주위를 둘러보는데 양다리가 무릎 위에서 없는 청년이 휠체어를 밀며 들어온다. 속으로 좀 놀라며 쳐다보니 지성적이며 고운 인물이다. 누구와 인사를 하는 그의 미소는 차디차 보이지만 깊은 눈빛에는 희망이 보인다.

설사 내 다리가 회복을 못 하더라도 나 또한 희망을 놓지 않을 것이다. 난파선이면 어떠랴 뒤뚱거리면서라도 내 마지막 포구를 향하여 가리라. 다시 통증이다. 너무 아파서 나도 차라리 이 다리가 없었으면 싶다. 창밖을 보니 하늘에 어두운 구름이 내 현실인 듯 막막하게 누르고 있다. 같은 수술을 한 환우들은 1개월 밖에 안 됐어도 멀쩡하게 아물어 있는데 2개월이 넘은 나는 환부가 이토록 붓고 아프니 어디서 잘못된 것일까? 이렇게 괴로울 바엔 차라리 퇴원을 할까 보다.

2개월이 넘어서 돌아온 집, 변함없이 기다려준 익숙한 것들이 반갑고 자유스럽다. 그러나 자유가 통증을 없애주지는 못했다. 통증 속의 하루하루는 괴로운 한숨만 연속된다. 13층에서 내려다보는 창밖에 자동차는 잘도 달리고 3, 4월 꽃소식은 빠르게 북상하고 있지만 난 25평 공간에 갇혀서 앞으로 얼마 남지 않은 금보다 귀한 시간을 듬뿍 듬뿍 축내고 있다. 벗어나고 싶다. 이 구속의 상태에서 벗어나고 싶다.

올봄에는 문학기행 성지순례 등등 나들이의 기회가 왜 이리 많은가? 그러나 육체의 자유가 없으니 체념으로 마음을 달래며 걸을 수 있다는 것이 얼마나 큰 축복인지를 절실하게 체감한다. 이럴 때마다 두 다리를 잃은 청년의 희망을 담은 눈빛이 떠오른다. 얼마나 될지 모르는 내 삶의 남은 시간들 난 그 시간의 자락들을 헛되지 않게 채워 가리라.

지팡이를 짚고 문밖을 나가본다. 101동을 한 바퀴 힘겹게 돌아본다. 차츰 운동량을 늘리다가 아파트 정문을 나섰다. 가슴이 확 트인다. 쌩쌩 자동차가 모든 고뇌를 싸안고 달린다. 다섯 달, 여섯 달 이제는 지팡이에 체중을 분산하고 한 정거장 거리에 있는 '마트'도 갈 수 있다. 환희다! 먹구름이 걷히려나 보다. 유난히도 폭염이 기승을 부리는 올여름, 하지만 가을은 올 것이다.

이글거리는 염천(炎天)이 날개를 접는 저녁, 운동을 나가는데 서쪽 하늘에 노을이 불탄다. 작은 구름 한 무리가 노을을 가리지만 오히려 더 찬란하다. 그리고 말하는 것 같다. "이제 곧 나는 어둠으로 잠기겠지만 나는 아름다움을 찾는 모두를 위하여 남아있는 시간을 아낌없이 불태워 줄 것이라고…."

노을을 바라보며 서 있는 나도 가만히 따라하며 희망해 본다.

<에세이21> 2018년

제2부

빈 나뭇가지는

판도라농원

처음 농지를 마련하고 나는 이 밭을 '판도라농원'이라 이름 지었다. 제우스신은 자신의 명령을 어기고 인간에게 도움을 준 프로메테우스에게 재앙을 내리기로 한다. 그의 동생 에피메테우스는 제우스가 만들어 인간 세계로 보낸 판도라와 결혼을 한다. 제우스는 그러한 판도라에게 상자를 선물로 준다. 제우스가 그녀에게 준 상자는 여인의 호기심을 이용하여 인간사회에 불행을 주기 위한 복수의 선물이었다.

신의 계획대로 여신 판도라가 상자를 열자 속에서는 온갖 걱정과 의혹, 질병과 고통 등 부정적인 요소들이 쏟아져 나왔다. 놀란 여신은 곧 상자를 덮었지만 이미 상자 안에서 나온 그것들은 인간 세계를 휘젓게 되었다. 이로 인해 인류는 판도라 상자를 부정적으로 받아들인다. 하지만 난 아직 상자에 남아있을 긍정과 희망과 행복을 이 밭에서 찾아내고 싶었다.

첫해 정월대보름이 지나자 이웃에서 완두콩 씨를 주면서 지금 바로 심어야 된다 해서 심었다. 강낭콩도 함께 심었다. 그리고 얼마 후에 가보니 판도라 상자 안에 숨어있던 긍정의 씨앗이 노란 입술을 뾰족이 내밀고 있었다. 환희였다. 역시 나는 해낼 거야 ….

　얼었다 녹았다 하던 날씨가 풀리면서 들판은 연두색으로 변해갔다. 한데 평화스러운 파란 풀밭에는 뱀이란 음흉한 놈이 숨어 살고 있었다. 예고도 형체도 없이 으스스한 소리와 함께 나타나는 뱀은 말할 수 없는 공포의 대상이다. 굳이 메두사의 머리가 아니라도 그것을 만날 때마다 나는 너무 놀라서 심장이 얼어붙는다. 몇 번 놀라고 나니 이제는 기다란 끈만 봐도 놀랍고 눈을 감으면 뱀이 어른거려 신경쇠약이 될 지경이었다.

　궁여지책으로 농업기술원을 찾아가 뱀을 없애는 방법을 물었더니 밭 주위에 제초제를 주어서 뱀의 접근을 막는 방법이 있다고 했다. 배운 대로 했다. 그러나 제초제를 먹은 초록빛 갯둑이 노랗게 죽어 갔다. 이것을 보니 내가 지구의 생태계를 파괴하는 주범이 된 것 같은 고민에 마음도 노래졌다.

　좁지 않은 농토에 새로운 씨앗을 파종하느라 바쁘던 날, 새싹이 얼마나 자랐는가? 강낭콩밭을 가봤다. 한데 이런! 강낭콩 싹들이 오글오글 땅에 붙어있는 것이 아닌가? 멘토가 말하기를 너무 일찍 심어서 냉해를 입었다고 한다. 역시 판도라 상자는 쉽게 긍정의 선물을 내놓지 않았다.

　고구마도 심었다. 이것들이 뿌리를 내리고 자라는 것을 보며 달콤한 고구마를 꿈꿨다. 그러나 때가 되어 수확을 하려니 고구마는 보이지 않고 지렁이만 굼틀거린다. 손가락만큼이나 굵은 이놈도 뱀 못지 않게 놀랍다. 아마도 판도라의 부정(不淨)의 요소들이 나의 농원에 한판을 벌이고 있나 보다. 몇 번이나 지렁이에 놀라면서 호미질을 한 뒤에 드디어 결실을 찾아냈지만 줄기의 끝에서 겨우 한개씩의 열매만 달려 있었다. 실망스러웠다. 뒤에 알고 보니 고구마는 싹을 잘라서 심는데 이것을 너무 곧추세워서 심었기 때문이란다. 원인을 알았으니 다음에는 제대로 해보리라.

다음 해에는 고구마 싹을 뉘어서 심었더니 전보다 많이 나아졌지만 색깔이 거무튀튀한 것이 많았다. 땅의 배수가 안 좋아서 그렇다고 하니 난감했다. 수확하는 내내 마음이 씁쓸했지만 지렁이는 여전히 건재(健在)하시다. 다음번에는 판도라농장 안에 감춰진 긍정과 기쁨을 세세히 찾아보리라!

이렇게 시행착오를 거치면서 나는 차츰 농부가 되어갔고 이제는 작물과 토질을 맞추어 심을 줄도 알게 됐다. 올해는 땅이 좀 건조한 곳을 찾아서 고구마를 심었는데 100여 년 만의 폭염이 온 나라를 찜통으로 만들었다. 게다가 한 달이 넘도록 비가 내릴 생각도 않으니 작물들이 타들어가는 그 메마름이 안타깝다.

고구마 줄기가 성장을 멈추고 있는데. 그나마 겨우 버티는 싹을 고라니가 먹어 버렸다. 지난해에도 가뭄이 심한데다 고라니에게 잎을 탈취당해서 동화작용을 못 했는지 실뿌리만 거둔 경험이 있기 때문에 얼른 펜스를 쳐주었다. 게다가 저위 산코숭이에 있는 웅덩이에서 새끼를 동반한 산돼지 가족이 목욕을 하고 돌아갔다는 소문이다. 개들에게 들키면 고구마밭은 끝장이다. 판도라 상자에 아직 숨어있는 기쁨과 행복을 허망하게 수탈당할 수는 없다. 이제는 그것을 지켜낼 지혜와 노력을 다해 보리라.

다행히 말복을 지나면서부터는 비가 자주 내리니 작물들이 생기가 돈다. 늦은 비에 기지개를 켜는 작물들이 아직 여린데 수확의 계절은 찾아왔다. 웃자란 고구마가 어쩌면 지난해와 같을 수도 있다 싶어 체념하며 호미질을 하는데 드디어 보였다! 선홍색의 고구마가 기분 좋게 벙싯벙싯 나타난다. 아~ 이 기쁨! 드디어 행복과 기쁨을 판도라농원에서 찾아냈다. 성공한 것이다.

원래부터 원만하게 농사를 하던 사람들은 이 기쁨을 모를 것이다. 남편도 신이 나는지 쉼 없이 지껄인다. "고놈 참 이~쁘다. 아쿠 이쪽에도 숨었네. 이 놈은 꼭 당신을 닮았군." 기분 좋은 남편의 목소리가 들리는 밭고랑에 알알이 캐낸 긍정의 열매들이 쌓여간다.

<문예비전문학>

판도라의 5월

 봄이 무르익은 5월 판도라농원에 파릇파릇 땅내를 맡은 작물들을 보니 가슴이 설렌다. 엊그제까지 누렇게 시들어가던 고추 싹이 연분홍 마파람을 만나서 바람이 났는가? 쉬지 않고 몸을 비비고 춤을 추며 생명력을 보여준다. 연한 연두색이 차츰 진한 녹(錄)색으로 익어간다. 얼마 전 허리를 두드리며 심어놓은 고구마 싹도 이제 모두들 머리를 들고 나 살아 있소~ 하며 싱긋이 인사를 하니 힘이 난다.
 삼월에 심어놓은 완두콩은 벌써 하얀 꽃망울에 바람을 한가득 물고 두리번거린다. 뒤를 이어 싹이 튼 강낭콩도 푸름을 으쓱대며 밭의 한 모퉁이를 씩씩하게 장식해주고 그 곁에는 한참 잎이 흐드러진 감자 이삭 사이로 하얀 꽃이 보시시 고운 자태로 봄의 전령사를 맞는다.
 뿐이랴 지난 가을에 심어 놓았던 마늘이 겨울의 혹한을 이겨내고 튼튼하게 자라서 대장노릇을 하는지 실한 줄기가 목을 쭉 빼고 손을 흔들며 바람을 맞는다. 지난 가을 이웃 밭에서 어린 모종을 주어 처음으로 심어본 양파는 또 어떤가? 그 싱싱한 이파리 아래에 둥근 열매를 밀어 올리면서 자신의 존재를 과시한다. 저마다 수확의 즐거움을 선물할 준비를 하는 판도라농원, 긍정의 즐거움이 출렁거리는 밭을 바라보며 그늘에 앉아있자니 푸른 하늘을 흐르는 뭉게구름 같은 행복에 살포시 감긴다.

돌이켜보니 얼마 전만 해도 묵정밭이었는데…, 겨울을 견디어낸 묵밭에 잡초가 우거지고 파종 시기가 지나도 밭을 갈아주는 손이 없어서 노심초사했다. 직접 해결하기에는 그 규모가 좀 크고 해서 어쩔 수 없이 현지 사람의 도움을 받아야 하는데 그가 너무 바빠서 단순하지가 않다. 이대로 묵혀버리고 싶을 만큼 마음이 상했지만 어쩌랴~ 참고 기다릴 밖에…, 슬그머니 화가 날 때쯤 어느 날 겨우 밭갈이를 할 수 있었다.

좀 늦었지만 즉시 비닐을 씌우고 파종을 시작했다. 비닐을 씌우는 작업도 만만치 않다. 그간 쉬었던 근육이 적응을 못해서 몸이 항의를 한다. 하지만 어쩌랴 인력을 사서 할 정도는 못되니 끙끙대며 할 수 밖에…, 허리를 두드리면서 고구마를 심고 며칠 후에 가보니 고구마 싹이 땅내를 맡고 생기가 도는 것 같아서 또 다른 힘을 얻었다. 다시 고추를 심어야 할 생각이 어깨를 눌렀다.

판도라농원에 부정과 질투와 고통은 이미 열린 문을 통해서 온 밭을 휘젓고 다닌다. 하지만 닫힌 병 속에 남아 있는 긍정과 희망은 내가 찾아내어 키우고 가꾸어야 한다. 주저앉으려는 몸을 다잡고 다시 고추 이식을 시작한다. 고추를 심고 뒤를 돌아보니 희열과 고통이 교차했다. 들녘의 봄은 소록소록 피어나는데 앞으로 다가올 노동력이 부담이 되어 저절로 주저앉았다. 그랬었는데 지금 눈앞에 펼쳐진 생명의 모습들이 장관을 이루고 있다. 엊그제의 힘들었던 일도 먼 과거인 양 새로운 희망으로 나를 독려한다. 찬란한 오월의 햇살이 나의 판도라 위에 따사로운 햇살을 뿌리며 긍정의 싹을 키워주고 있다.

 이때 호랑나비 한 마리가 나풀거리며 날아와 볼이 터질 듯이 부풀은 완두콩 꽃에게 안부를 전한다. 꿀벌 몇 마리는 감자꽃송이를 넘나들며 부지런히 꿀을 얻고 있다. 쉬지 않고 나풀거리는 그들의 날갯짓을 보며 나는 생각한다. 너희는 역시 부지런하구나. 나도 너를 닮고 싶다. 해서 이 소중한 나의 판도라농원에서 많은 꿀을 거두고 싶다.

 열심히 잡초를 뽑고 있는 남편의 손놀림이 미덥다. 까르르! 또르르~! 수년 전부터 나의 가족이 된 이름 모를 산새들이 나른한 봄날 오후에 지친 마음을 응원한다. 뻐꾹! 뻐 뻐꾹! 뒷산 뻐꾸기도 아는 체한다

천방지축 초보농군

긴 겨울을 지나고 막 새봄이 기지개를 켠다. 이제 농사를 시작할 때다. 오늘 3월 둘째 일요일, 지난해 농사를 하며 배수 작업이 필요하다고 생각되어서 배수 작업을 위해 농장으로 내려갔다. 예약했던 중장비가 먼저 와있다.

남편은 포크레인 기사와 배수로를 돌보고 나는 지난가을 심어놓은 마늘밭으로 갔다. 겨우내 마늘을 보온하고 있던 짚더미를 살짝 들춰보니 아뿔사! 기대했던 마늘은 하나도 보이지 않는다. 새파랗게 자라 있을 것으로 기대했던 마늘이 하나도 나지 않았다. 웬일일까? 옆에 밭에 마늘은 새파랗게 자라고 있는데…. 파종할 때 계분(닭똥)을 너무 많이 섞어서 마늘이 썩었나?

오후에 우리의 농사 멘토가 올라왔다. 난 급히 마늘밭에 대한 결과를 보고(?) 했다. 그분은 태연하게 북데기가 너무 두꺼워 태양열이 전달되지 않아서 그럴 것이라고 했다. 아~ 그렇다! 사람이 사랑을 먹고 살듯이 식물도 태양열과 인간의 보살핌을 받아야 잘 자라는 것을 미처 생각 못했다. 짚을 다 걷어내니 없어진 줄 알았던 마늘이 뾰족뾰족이 하얀 주둥이를 내밀고 있는 것이 반갑고 신비스럽다. 정말 다른 집 마늘처럼 파랗게 자랄 수 있으려나? 반신반의하는 마음이다.

중장비 기사는 자기 맘 대로다. 우리가 아직 풋내기 농군임을 눈치챘는지 도무지 주인의 말을 무시하며 일을 해나간다. 짜증이 났지만 다 표현할 수도 없고, 눈치만 살피자니 마음이 탄다. 내가 하고 싶은 공사는 신경을 쓰지 않고 그의 마음대로 일이 진행되고 있는 것을 보며 그래도 우리의 생각보다 오랜 경험자의 생각이 낫겠지 하고 마음을 달랜다. 일이 끝나고 보니 결과가 괜찮은 것 같다. 휴~ 한숨이 나온다. 잔소리를 많이 한 것이 미안해서 역시 경험이 제일이라고 추겨 주었더니 그 기사도 기분 좋아하며 돌아갔다. 무엇보다 잡풀로 가득 메워져 있던 도랑을 치우고 물이 고여서 흘러가는 것을 보니 나는 부자가 된 듯 뿌듯한 기분이다.

오전 일을 끝낸 후 기사를 보내고 우리는 콩을 심었다. 먼 산에는 아직 잔설이 희끗희끗 한데 무슨 씨앗이라도 심고 싶어서 마음이 급하다. 아직은 검은 흙이 잠자는 밭으로 가서 호미를 흙에 꽂아 봤다. 흙이 의외로 부드럽다. 따듯한 햇빛이 내려쬐는 밭에다 강낭콩과 완두콩을 심었다. 개천가 둑에는 개나리도 심었다. 룰루랄라 기분 좋은 콧노래가 절로 나오는데 이른 봄의 해는 의외로 짧다.

어느새 해가 서산 위에 걸리는 때에 우리는 씨앗을 심은 밭을 뒤 돌아보며 발길을 돌린다. 돌아오는 길에 농사 멘토의 집에 들러서 씨앗

천방지축 초보농군 65

들을 심었다고 으스대며 자랑을 했더니 뜻밖에도 멘토는 씨앗을 심기에는 아직 이르다고 질색을 한다. 아직 추위가 남아서 설혹 싹이 난다해도 얼어서 죽어 버린다고 하니 정말 큰일 났다.

'농사'! 아련한 꿈이었다. 1960년대 중 후반, 우리나라가 한참 새마을 운동의 바람이 일던 때에 난 고향에서 새마을 지도의 중재자로서 농사에 대한 교육을 받았다. 주거문제개선, 영양문제개선, 다수확농사로 수확량 늘리기 등등 당면한 농촌의 현실을 개척하기 위한 교육을 받고 전수하였다. 그러나 제대로 농촌에 활용해 보지도 못하고 결혼하고 남편을 따라 도시생활을 했다. 하지만 농촌 생활의 향수는 늘 꺼지지 않는 꿈으로 내 안에 머물렀다.

한데 드디어 지난해부터 농사를 짓기 시작했다. 얼마나 마음이 부풀었는지? 한데 까마득한 세월 이전의 이론을 현재의 영농에 반영할 수가 없다. '영농작부'를 읽으며 배우고 옆의 밭에 파란 싹이 보이면 따라서 씨를 뿌리고 시기상조를 반복하면서 한 해를 보냈다. 그리고 오늘은 밭둑을 정리하러 내려왔다가 따스한 봄볕에 끌려 강낭콩을 심고 보니 또 다시 실수를 했나 보다. 빨리 농사를 시작하고 싶은 마음뿐인데 또 잘못된 것이다.

제발 날씨가 완전히 풀리고 난 후에 새싹이 나왔으면 하고 초조한 마음으로 빌어본다. 뒤척이며 밤잠을 설치고 있는 나는 차분히 자신을 되돌아본다. 그래 난 이제 시작일 뿐이다. 좀 더 농업에 대해 배우고 공부하며 성실하게 작물들을 살펴나가자. 그러면 한 해 한 해 나

아지겠지. 일어나서 전등을 켜고 '영농작부'를 꺼내 페이지를 연다. 첫 수저에 배부르기를 바라지 말자. 마늘씨를 심어놓고 북데기를 두껍게 덮어서 태양의 열을 막아주는 어리석음도, 아직 얼어붙은 땅에 씨앗을 미리 심는 성급함도 앞으로는 없으리라.

불청객인 불면을 끌어안고 날이 가고 해가 가면 하루하루 익숙해질 것이라는 희망을 오늘 밤 꿈꾸어 보련다.

가을 은행잎

　하늘이 높은 날 유성터미널에서 어릴 적 친구들을 만나기로 했다. 대전과 대구 그리고 서울에 흩어져 살면서 가끔 전화통화만 해 오던 소꿉동무들이다. 달리는 버스 안에서 지난날의 아름다운 기억들을 떠올리며 얼마나 변했을까? 알아볼 수 있을까 하는 생각에 시간 가는 줄도 몰랐다.
　어느새 목적지에 도착하여 기대와 걱정으로 버스에서 내리자 어렵지 않게 친구들을 찾을 수 있었다. 반가워 친구들을 얼싸안았다. 그리고 현실이 믿기지 않아서 다시 한 번 확인하는 순간, 속일 수 없는 세월의 그림자에 작은 충격이 지나갔다. 친구들은 젊은 날의 탱탱한 모습은 어디로 가고 중년을 지난 편안한 모습으로 변해 있었다. 저 모습이 내 모습이겠지! 객관적으로 나를 돌아볼 수 있는 순간이었다. 그러나 놀라움도 잠깐, 곧 철없던 옛날로 되돌아갔다. 하늘은 더없이 높았고 길가에 노란 은행나무가 계절을 알려주는데 짝지어 걷는 사람들의 발걸음에서 생동감이 넘쳤다 우리는 저녁 늦도록 둘러앉아 먼 옛날의 추억을 찾아내며 밤이 깊는 줄도 몰랐다. 그리고 아침, 늦잠에서 깨어보니 낙엽을 재촉하듯 가을비가 내리고 있었다. 이번에 자리를 주선한 친구는 비가 온다고 해서 집안에서만 지내기에는 너무나 아깝고 소중한 시간이라고 외출을 서둘렀다.

우리는 한때 대통령의 휴양지였던 청남대로 향했다. 안개비가 비단같이 드리운 대청호를 굽이굽이 달리면서 예전처럼 콧노래를 불렀다. 청남대로 가는 전용도로에 들어서자 곱게 물든 은행나무가 가로등처럼 환했다. 올해는 긴 가뭄으로 나뭇잎이 말라버려서 고운 단풍을 보기 힘들다는데 호수에서 발산하는 물안개 덕분인지 이곳의 단풍은 색깔이 너무도 선명하다.

별장 안에는 은행나무들이 가득히 서 있다. 그들이 내뿜어주는 싱그러운 공기를 마시며 우리는 여유롭게 정원을 산책했다. 온몸을 휘감는 가을 은행잎의 광채를 느끼며 문득 은행나무의 말뜻이 궁금했다. 내가 궁금해 하자 청렴의 뜻이 있다고 한 친구가 말했다. 청렴의 의미를 간직한 은행나무와 말없이 담겨 있는 대청호수가 원시에 가깝게 맑고 산뜻한데 이곳 옛 주인들의 생활과 비교해본다. 왠지 아이러니한 느낌은 무엇일까?

은행나무는 예로부터 곤충이 침해하지 못하는 강직함 때문에 내세를 지향하는 승려들의 정신적 지주로서 사찰에 많이 심었다고 한다. 이곳의 옛 주인이 더러 정원에 가득한 은행나무의 스며진 말뜻을 생각해 보았더라면….

　은행잎이 지금 이렇게 황금빛 아름다움을 내뿜고 있는 것은 여름 내 작열하는 태양, 거센 폭풍우와 우레 천둥 등 많은 고비를 견뎌낸 보상이 아닐까 싶다.

　비가 그친 하늘 화려한 나무 아래 벤치에 앉은 우리들의 이야기는 끝없이 이어졌다. 그때 머리 위로 노란 은행잎 하나가 떨어지고 있었다. 어미 나무와 이별하는 것이 못내 아쉬운 듯 원을 그리며 멈칫멈칫 떨어지는 모습에 시선이 머물던 나는 푸른 활력을 소진한 쓸쓸함을 금빛으로 포장하고 낙하하는 그 몸짓이 안쓰럽게 느껴졌다. 그리고 여름내 젖줄을 열고 키워온 수많은 자식들을 모두 떠나보내야 하는 어미나무의 고독이 눈에 보이는 듯하다. 화려한 속에 숨겨진 외로움을 발견하고 보니 한갓 식물이지만 연민이 일어난다.

　그리고 나는 어느새 그들과 같이 겨울의 문턱을 들여다보고 있는 자신을 발견하였다. 정성을 다했던 자식들에게 각각의 울타리를 정해주고 난 뒤 어깨의 무게가 가벼워짐을 느끼면서도 이따금 소리 없이 지나가는 쓸쓸함을 느끼곤 했었다. 한데 지금 눈앞에서 화려한 색채로 생의 마무리를 준비하고 있는 가을 은행나무 그 그늘에 앉아 인생의 가을을 즐기는 우리들이나 어쩌면 많이 닮아 있다는 생각에 마음 한구석에 전율을 느낀다.

　그때였다. 하얀 햇살이 물먹은 은행잎을 통과하면서 황금빛 광채가 났다. 그것은 녹음에서는 발견할 수 없는 단풍만의 농익은 아름다움이었다. 가을의 농익은 생명력! 아! 이것이다. 황혼 어스름에서 편하게 쉬고 있는 내 영혼에 작은 떨림이 지나갔다. 만추의 꿈 여유가 있지 않는가? 헛된 욕심이 아닌 소박하고 진솔한 꿈 그 꿈을 향해 쉼 없이 도전할 때 진정 가을 은행잎같이 아름다운 노년이 될 것이다. 뿌듯한 희망을 느끼며 곁에 있는 친구의 손을 꼭 잡으니 그 손에서 촉촉한 사랑이 전해왔다.

  소꿉동무들과 지낸 행복한 황혼의 하루였다. 지나간 젊음의 활기와는 또 다른 아름다움을 간직한 가을 은행잎에서 생기 가득 찬 꿈을 얻고 돌아오는 밤차의 차창밖에는 예전에 고향 하늘을 가득 채우던 상현달이 웃는다.

<동행> 29페이지

비, 생명

봄부터 가뭄이 들더니 장마철이 되어서도 마른장마란다. "중부지방 곳에 따라 소나기" 아리송한 일기예보에 머뭇거리던 우리 부부는 한나절이 되어서야 농장으로 출발했다. 할 일들도 밀려 있었지만 만날 때마다 몰라보게 자라나는 농작물이 보고 싶었기 때문이다.

몇 해 전부터 고향 쪽을 오가며 농사를 짓는다. 가깝지 않은 거리를 오가며 하는 일이 쉽지는 않지만 고물고물 자라는 새싹을 보는 것이 어린 손자의 재롱을 보는 것 못지않은 기쁨이므로 즐겁게 제2의 삶을 꾸려가고 있으니 감사할 따름이다.

농장에 도착하니 목마른 작물들이 갈증을 못 견디고 축 늘어져 있다. 간간이 바람은 불어 왔지만 높은 습도와 더위 때문에 땀이 줄줄 흘러내린다. 중복을 지나는 숨이 막힐 것 같은 더위를 밀어내며 밭으로 내려갔다. 시들시들 말라가는 고구마 덩굴을 걷어 올리자 밭고랑에 헛뿌리를 내리려고 하던 것들이 우두두 소리를 내며 끊어지는 소리에 맘이 후련하다. 걷어낸 줄기를 두럭 위에 서려놓으면서 하늘을 보니 남서쪽 하늘에 구름이 무겁게 드려있으니 어쩌면 비가 내릴 것 도 같아서 기대를 해 본다.

고추밭으로 건너가니 안타깝게 시들어 있는 줄기에 비해서 그래도 열매는 붉게 물들어가고 있다. 식물에게도 모성애가 있는 것일까? 체내에 모든 양분을 총동원해서 열매를 키우고 있는 것 같아 보기에 애잔하다. 사람이 키우는 작물뿐만 아니라 들판에 잡초들도 애타게 비를 기다리며 배배 꼬여간다. 온 대지가 푹푹 찌는 폭염에 지쳐 거친 숨을 토해내는 한낮, 더위와 싸우며 힘들게 잡초를 뽑는데 갑자기 힘찬 바람이 들판의 나무들을 흔들어댄다. 우선 더위를 식힐 수 있어서 감사하지만 그래도 비가 내렸음 정말 고맙겠다. 다시 한 번 거센 바람이 불어온다. 허리를 펴고 꿀맛 같은 바람을 가슴에 듬뿍 받아 안는데 상기된 남편의 목소리가 튀어온다. "비가 오겠어~ 빨리 합시다.!"

남서쪽 하늘이 검게 덮쳐온다. 반갑다! 강한 바람을 뒤쫓아 건너편 산허리로부터 소나기가 달려온다. 초록색 산허리에 성화 봉송 자가 달리듯이 빗줄기가 바람을 타고 쫓아오는 모습이 선연한데, 찌르르 울어대던 매미소리가 바람 속으로 숨는다.

뒤이어 수런수런~♪ 푸른 대지 위에 떨어지는 빗물을 감사하는 초목들의 환호가 기분 좋다. 얼마나 기다리던 생명수인가? 반갑고 경쾌한 이 소리! 심한 갈증 뒤에 한 사발 냉수를 마시는 시원함, 들판에 모든 식물과 함께 가만히 서서 귀한 단비를 쪼록 맞는다. 이내 젖은 옷이 몸에 볼륨을 드러낸다. 하던 일을 접고 농막 안으로 들어갔다. 빗소리가 급속히 가까워 오며 농막의 문이 힘을 업고 닫힌다.

 마른 옷으로 갈아입으니 몸도 마음도 날아갈 것 같다. 풍요로움을 약속하는 고마운 빗소리는 계속됐다. 얼마나 기다리던 비(雨)인가? 목말라 애태우던 초목들에게 고맙기 그지없는 비다. 이번 비가 흠뻑 내린다면 마른 들판이 촉촉해질 것이다. 물은 에너지의 원천이요 생명의 젖줄이다. 후두둑후두두 생명을 살리는 흐뭇한 소리를 들으며 풍뎅이렌지에 불을 붙였다. 믹스커피를 쏟아 부은 컵에 끓는 물을 붓자 커피 향기가 은은하게 퍼지고 유리창에는 빗물이 지나간 세월만큼이나 빠르게 흘러내린다. 그리고 물이 흐르는 창문에는 송사리 몇 마리가 꼬리를 흔들며 노닌다.

 백사장이 빛나는 시내가 마을 가운데를 지나고 있었다. 늦가을부터 이른 봄까지 햇빛에 반짝이는 은모래가 아름다운 여기에 우기(雨氣)가 오고 여름 장마 때가 되면 어디서 왔는지 굉장한 물이 몰려온다. 우르릉우르릉 갯둑을 집어삼킬 듯 밀려온 물 더미는 비가 그치면 언제 그랬느냐는 듯 꼬리를 감추고 개여울이 맑은 노래를 하면서 흐른다. 수정보다 맑은 개여울에는 어느새 송사리가 놀고 모래무지가 숨바꼭질을 한다. 난 이 작은 생명들과 노느라 옷을 다 적시면서 시간가는 줄 몰랐다. 물이 잦아들면서 물고기들은 어디론가 사라진다. 그러나 비가 내린 후엔 다시 찾아오고는 하는 송사리 떼가 나에게는 생명의 신비였다.

잠시 추억을 더듬던 난 찻잔을 들고 일어서 해갈(解渴)한 작물들이 흥겨워하는 창밖을 본다. 지난날 대지를 떠나 우주의 이방(異邦)자로 떠돌던 물방울의 귀향을 환송하는 감동의 축제다. 메마르던 온 산야(山野)의 초목(草木)들이 초록색 생기로 빛나고 오랜만에 타는 목을 적신 작물들은 흥건한 감사를 나눈다. 시들어가던 고추밭은 꿀꺽꿀꺽, 시원한 물을 먹은 초록색 잎사귀 사이로 빨간 고추가 보석같이 빛나고 오전에 손봐주었던 고구마 넝쿨은 푸른 손을 흔들면서 생명수를 보내준 하늘을 향해 감사의 손을 흔든다.

<에세이21> 2022년

빈 나뭇가지는

　농장 일을 마무리하던 날이었다. 오후에 시작한 일은 얼마 지나지 않아 그림자를 길게 드리웠다. 산속은 일찍 어두워지니 맘이 급하다. 부지런히 손을 놀려 배추의 마른 잎을 따내고 그늘에 세워둔 자동차까지 나르는데 땅거미가 내리는가 보다. 이렇게 되면 숲속 나무 밑은 이미 어둠이다. 집과 농장의 거리가 멀기 때문에 노동시간이 짧아서 우리는 자주 이렇게 늦게까지 일을 하고는 한다.
　무서움을 참지 못하고 얼른 차 안에 들어가 앉았다. 난 어두운 것이 정도 이상으로 싫다. 캄캄한 곳에는 괴물이 도사리고 있다가 목덜미를 잡아끄는 것 같아서 온 신경이 오그라든다. 헌데 어두울 것이라고 지레 겁먹은 밖의 광경이 좀 다르다. 나뭇가지의 무늬가 흐릿했지만 확실하게 보이는 것이 아닌가? 호기심 반 두려움 반으로 차에서 내려 보니 사물이 제대로 보인다. 평소 이 시간에는 우거진 나무 그늘 속에 희미한 농로만 보이고 컴컴한 어둠이 스멀스멀 나를 덮칠 것 같았었다. 한데 지금은 그게 아니었다. 마치 지붕이 날아간 판잣집같이 성긴 나뭇가지 사이로 석양이 어스름한 하늘이 펼쳐져 있다. 그리고 앙상한 가지들 사이로는 산 아래 마을이 설핏하게 드러나 보이는 것이 아닌가? 아니 저 마을이 이렇게 가까이 있었다니 순간 어리둥절했다.

엊그제만 해도 가랑잎이 무성하게 달려있는 갈참나무는 그 잎사귀들 너머에 빛을 받아드리기를 거부했다. 한데 오늘 낮 겨울을 손잡은 회오리바람에게 그 많은 이파리들을 모두 뺏기고 나니 이렇게 하늘빛을 모두 받아드린 것이다. 시야가 넓어진 나목의 앙상한 가지 사이로 서산으로 기울어간 태양의 잔영과 초열흘 상현 달빛이 찾아와 함께 어울려 있다.

나의 농장 뒤는 키가 큰 갈참나무들이 조밀하게 들어선 산자락이다. 그 끝에 누운 듯 펼쳐져 있는 밭머리에 봄이면 만발한 조팝나무 꽃향기 사이로 벌과 나비가 바쁘고, 녹음이 짙은 여름에는 꾀꼬리가 깃들어 하루 종일 꾀꼬~리고리골골♬ 하고 아름다운 노래로 나의 지친 몸을 위로해 준다. 이따금 뻐꾸기와 까마귀도 찾아와 반주를 맞추는 평화로운 이곳에 11월을 지나면서 황금빛 물감이 조금씩 뿌려지기 시작했다. 가을비가 내리고 하늘이 깊어질 때마다 그 빛이 짙어지면서 가을은 여름을 밀어내고 있었다.

오늘도 농장에 가을 마무리를 하고 있는데 거센 계절풍이 달려와 이 골짜기를 맴돌았고 그 바람을 따라 노란 갈참나무 낙엽들이 회오리치며 장관을 이루었다. 모태나무와 이별하는 아쉬움의 몸부림인지 아님 자유의 몸이 되었다는 환호의 몸짓인지 알 수는 없지만 난 한동안 그 광경에 넋을 잃고 있었다.

'가을!' 릴케는 여름이 위대하다 했지만, 나는 진정 가을이 위대하다고 생각한다. 여름의 성장이 만물을 살찌우고 풍만함이 절정에 이르면 가을은 그 열매를 영글게 한다. 여문 열매는 땅으로 향하여 새로운 생명을 약속하고. 이삭이 된 열매들은 조용히 고개를 숙여 겸손이란 명제를 우리에게 가르친다. 녹음(綠陰)에 덮여있는 산도 아름답지만 잎사귀들이 떨어져 버린 빈 나무들이 가득한 산은 아집을 벗어버리고 서로 소통하는 것 같아서 더 좋다.

이 오묘한 자연 속에 서 있는 난 문득, 자연의 가을은 이렇게 여물고 익어가는데 인생의 가을을 살고 있는 나는 어떤가 되돌아본다. 삶이 버겁다는 걸 알면서도 어느 것 하나도 내려놓지 못하고 있다. 농사도, 육아도, 봉사활동도 자랑인 양 거머쥐고 동분서주(東奔西走)하고 있는 것이 아닌가? 막상 마음속에 꿈으로 묻혀있는 씨앗 하나, 그것은 뒤로 미루고 말이다. 옷을 벗어버린 나목들은 혹한을 견디고 나면 새로운 생명이 움트지만 나의 가을은 이제 봄이 없다. 그래 나를 알자. 내 주위를 정리하자. 그리고 가슴에 묻어둔 꿈의 씨앗에 물을 주고 가꾸련다.

자연의 한 어귀에 앉은 평범한 뒷동산은 사계(四季)가 오고간다. 이제 좀 있으면 부드러운 달빛과 고운 별빛이 낙엽위에 내려와 계절을 속삭일 것이다. 그리고 날이 밝으면 태양과 계절풍이 서로 자리다

톰하며 찾아올 것이다. 나목들은 이런 친구들과 정을 나누며 폭풍한 설을 견뎌낼 힘을 얻고 새 봄, 새순을 틔우기 위한 준비를 하겠지.

찌르르~ 게으른 풀 벌래가 쉴 집을 찾나보다. 하얀 노을빛이 빈 나무 사이를 조용히 흐르는데. 무채색의 나뭇가지 사이로 가을을 한아름 안은 남편이 가까이 오고 있다.

<따뜻한 사람찾기>

새옹지마

몇 해 전 고향 쪽에 농지를 마련했다. 오래 전부터 생각을 갖고 있던 터에 남편의 퇴직을 계기로 실천에 옮기려고 알아보니 갑자기 농지 가격이 올라 있었다. 농지가격이 상승한 것은 전국 균등발전의 취지에서 보면 환영할 일이지만 우리 사정으로는 난감한 일이었다.

마침 부동산에 종사한다는 지인이 있어서 그에게 부탁해 놓고 서울로 돌아왔다. 지인은 부지런히 합당한 것을 물색해서 팩스로 보내주고 우린 주말이면 내려가서 현장을 살펴보고 내 사정과 맞춰보고는 했다. 드디어 적당한 것을 만나 계약을 했다. 마음이 부풀었다. 노후에 이곳에 아담한 집을 짓자. 앞 밭에는 갖가지 채소를 심어 유기농 먹거리를 자식들과 지인들과도 나누어 먹어야지, 여기쯤 연못을 파고 저쪽에는 탁구대도 놓아서 휴일이면 손자들이 내려와서 맘껏 즐거운 시간을 갖도록 해야지…. 애들이 푸른 전원에서 하얀 공을 날리는 모습을 상상하며 난 뿌듯했다.

4월이 되어 농사를 시작하려고 밭에 갔다. 헌데 지난겨울 땅을 보러 왔을 때 남쪽으로 사람들이 사용하는 농로와 밭 사이에 잡초가 가득한 빈터가 있었다. 그냥 시골 사람들이 바빠서 방치된 땅이라고 생각했다. '잘 손봐서 유실수라도 심어야지' 공짜로 땅을 얻을 수 있을 것 같아서 내심 흐뭇했다. 그런데 봄이 되어 잡초가 스러지고 난 후에 보니 그곳은 도랑이었다. 밭보다 낮은 그곳은 습기가 많아 벌써 잡초의 새싹이 뾰족뾰족 돋아나고 있었다. 그러니까 장마철에 자연스럽게 물이 모여서 흐르는 곳이 침식(浸蝕)돼 있던 것이다.

그럼 어찌 되는 건가? 난감했다. 급히 지인이 속해 있는 부동산으로 찾아갔다. 공인중개사인 주인(主人)은 지적도를 가지고 나와서 금시초문이라는 듯이 말했다. "여기 구거라고 엄연히 적혀 있는데요." 내가 갖고 있는 자료에는 '구거'가 없었다. "가만 있어. 1월 3일이면 사무실을 쉬었는데요." 난 아연실색했다. 처음 팩스를 받았을 때 기다란 공백에 지명이 없어서 그에게 물었더니 '빈터'라고 말했었다. 난 지적도가 지역에 따라 조금씩 표기가 다르구나고 생각했지 '구거'라는 글자를 지우고 팩스를 보냈다고는 생각못했다. 이곳이 '빈터'인 것과 '구거'라는 것이 나의 땅에 미치는 영향은 너무 컸다. 그러니까 사기(詐欺)라는 단어를 내가 체험한 것이다. 믿는 도끼에 발등 찍히고 눈감으면 코 떼어 간다더니 난 눈을 뜨고 코를 잃고 말았다.

우리 부부는 너무 화가 났다. 금전도 금전이지만 인간적인 배신이 너무 커서 남편은 펄쩍 뛰었다. "그런 놈은 벌을 받아야 돼!" 남편은 진정서를 작성했다. 그러나 막상 진정서를 앞에 두고 우리는 고심했다. 이 자료들을 제출하면 그는 심한 시련을 격을 것이다 그에게 고통을 준다고 우리의 마음은 편할 것인가? 도둑맞은 사람의 죄가 크다고 하지 않았나. '아마도 하느님의 의도하심이 있었을 것이야. 운명으로 받아드리자.'고 우리는 마음을 모았다.

발상(發想)의 전환을 하고 나니 평화가 왔다. 장비를 들여 메워졌던 그곳을 퍼 올리고 나니 작은 물이 도란도란 흐르는 도랑이 생겼다. 얼마나 고마운 일인가. 게다가 아직 손보지 않은 상류에서 스며온 물이 떨어지는 낙차에 의해 작은 옹당이도 생겼다. 옹당이에는 어둠을 지나온 물들이 모처럼 밝은 세상을 만난 기쁨으로 한바탕 강강술래를 놀며 쉬어간다.

이제 이 작은 옹당이는 내 밭에 없어서는 안 될 보고가 되었다. 모종을 옮길 때는 당연하고 여름철 노동을 하며 이마에 흐르는 구슬땀을 한 바가지의 물로 시원하게 씻을 수 있으니 정말 고맙고 귀한 생명수가 됐다. 첫해에는 심고 싶은 것들이 너무 많았다. 욕심껏 여러 가지를 촘촘히 심었더니 처음 자라는 모습은 경이로웠지만 결국은 섶만 무성할 뿐 열매의 수확은 미미했다. 게다가 작물이 안 되는 곳에 잡초는 왜 그리도 무성한지….

옆에 밭 주인이 넘겨다보며 말을 건넨다. "이 밭은 만물상이어유~" 이렇게 시행착오를 겪으면서 우리는 차츰 농부가 되어갔다.

흙은 절대로 욕심을 허용하지 않았다. 식물이 살아갈 수 있는 충분한 환경을 만들어 주면 흙은 씨앗을 품어 준다. 거기에 주인의 관심과 사랑이 있을 때에 튼실한 열매를 맺고 흐뭇한 수확을 안겨 주었다. 오늘 경칩을 지난 개구리가 튀어나올 듯 화창한 봄날, 감자를 심고 흙 묻은 손을 씻으려고 얼음 녹은 물이 가득한 옹당이에 손을 담갔다. 물속에서 쉬고 있던 흰 구름이 찰~랑! 하고 파문을 일으키더니 다시금 평화로워졌다. 뼛속까지 전해지는 찬 기운에 온몸에 청량감을 느끼며 환한 얼굴로 남편을 봤다. 남편도 유쾌하게 말을 건넨다. "이 물 참 고마운 거여~이거 없음 어쩔 뻔 했어~!"

난 잠시 생각해 본다. 이곳에 땅을 장만하고 마음 뿌듯하던 일, 그 기쁨이 다하기도 전에 속았다는 배신감으로 분노의 포로가 됐던 일, 어렵사리 그를 용서하고 느끼던 마음의 자유, 다시 농사를 시작하면서 새싹들과 느끼던 아기자기한 행복과 반복되던 시행착오 이를 극복한 뿌듯함, 그것이 모두 우연이 아닌 필연이었다고 생각된다.

하필이면 그때 그 사람을 만났고 어리석었기 때문에 내 소유가 될 수 있었던 이 땅, 그때 그 아픔이 지금은 이토록 기꺼운 행복이 되고 있으니…!

인생만사(人生萬事) 새옹지마(塞翁之馬)란 말 맞는 말인가 보다.

<에세이21> 2017년

농부의 마음

몇 년 만에 30도를 넘나드는 5월의 더위라고 아우성이다. 이글거리는 태양아래 모든 초목이 고개를 숙이고 있으니 계절의 여왕이란 찬사가 무색하다. 꾀를 부려봤자 어쩔 수 없기에 참깨 밭으로 향했다. 작업복을 갈아입고 은빛 햇살이 쨍쨍 내리쬐는 밭으로 들어갔다.

검은 비닐을 덮어놓은 두럭에 뚫어 놓은 구멍마다에 연록색 참깨가 봉싯봉싯하다. 반면 아무것도 나지 않은 듯 빈자리도 많다. 빈자리의 비닐을 들고 자세히 보니 작고 여린 싹들이 간신히 올라오고 있다. 이런 것들은. 비닐을 좀 찢어서 자리를 편하게 잡아 주어야 한다. 참깨의 새싹들이 편안히 발육할 수 있는 쾌적한 환경을 만들어주는 것이 오늘 이 폭염 속에 밭고랑에 앉은 이유다. 참깨란 놈이 이렇게 뜨거운 계절에 가꾸어야 한다는 것을 이제야 알았다.

다행히 아직 지열은 심하지 않다 해도 볕이 너무 뜨겁다. 헐렁한 작업복 품속으로 스며드는 바람이 이따금 땀을 씻어 주지만 어림도 없다는 듯 등줄기로 땀이 흘러내린다. 오늘 해내야 할 일거리를 보니 미리부터 질린다. 괜히 농사를 시작했나? 후회도 해본다.

60년대 중후반쯤 전국이 새마을 운동으로 바쁘게 움직일 때 난 고향마을 이장님의 추천으로 농민학교, 농업기술원 등을 다니며 연수를 받고 돌아와 시골마을에 보급하는 가교역할을 했다. 마을 부녀회원들 집을 선두로 진흙으로 된 부엌을 시멘트로 개량하는 일도 보람이었지만 다수확을 위해 먼저 달린 고추를 아낌없이 따버리고 콩싹의 순을 사정없이 잘라내는 모순 속에서 더 많은 소출이 나는 것을 실감했다. 이렇게 연습하며 나는 넓은 농장을 경영하는 농부가 되고 싶은 꿈을 꾸었다.

가진 것 없는 남자와 결혼했다. 힘을 합하면 가난한 농촌에 혁명을 이룰 것이라 믿었다. 하지만 현실은 꿈과 거리가 있었다. 열심히 일해서 땅을 장만하기로 약속했던 꿈을 뒤로 미루고 도시로 왔다. 이건 큰 착오였다. 고생을 너무 체험한 남자는 도시의 편안함에 취했다. 누가 결혼은 무덤이라 했던가? 나는 무덤 속에서 절망 속에 억눌려 살면서도 문득문득 전원생활에 대한 꿈이 꿈틀거렸다.

남편이 정년이 되면서 우리 부부는 귀농에 합의를 봤다. 땅을 장만하고 농사를 시작했을 때 더없이 행복했다. 이것도 저것도 심고 가꾸고 싶었다. 크지 않은 땅에 알고 있는 작물은 모두 심었더니 이웃분들이 "이 밭은 만물상이여~" 하며 사람 좋은 웃음을 웃을 때도 그냥 뿌듯했다.

헌데 얼마 전부터 힘겨움을 느꼈다. 같은 김매기를 하는데 더 많이 무덥고 숨이 막힌다. 지금 비닐 속에서 제대로 싹을 틔우기 힘들어하고 있는 참깨들도 이렇게 힘들 것이란 생각이 들자 이글거리는 땡볕이 원망스럽다. 아픈 허리를 두드리며 다시 김매기 작업이다. 비닐구멍마다에 소복이 올라온 것들을 두세 개 남겨두고 부드러운 흙을 채워서 자리를 잡아준다. 비닐 속에서 간신히 머리를 내미는 녀석들은 정말 여리다. 마치 엄지손톱 같은 녀석들을 주위에 부드러운 지푸라기를 찾아서 살짝 받쳐 주고 촉촉한 흙을 찾아 감싸주듯이 채운다. 다시 여린 순에 묻은 흙을 살살 털어주고 나면 새싹 구조작전 완료다. "아~! 여린 싹들아 제발 아프지 마라. 부디 잘 자라서 튼튼한 네 모습을 찾기 바란다. 난 애처롭도록 여린 녀석들이 살아나기만 빌어본다. 수확은 다음 문제다. 밭을 매준다는 것이 그냥 기생하는 잡초를 뽑아주면 다 되는 줄 알았다. 헌데 이렇게 자식을 키우듯이 사랑하는 마음과 세심한 돌봄의 마음이 진정 농부의 마음이란 것을 이제 농사 5년 만에 알게 되었다. 한나절을 걸려 밭 한 두럭을 다 매만지고 일어나 허리를 펴며 뒤를 돌아봤다. 파릇파릇한 새싹들이 잘 훈련된 병정들 같이 줄을 맞춰 행진하는 것만 같다.

한데 나는 저 여린 것들을 지글거리는 대지 위에 두고 집으로 돌아갈 생각을 하니 너무 애잔하다. 아가들아 오늘 저녁 찬란한 별들이 내려주는 이슬을 먹고 제발 건강하게 자라라. 며칠 뒤에 만날 때는 튼튼한 기지개를 켜주기 바라면서 발길을 돌려 집으로 오고는 한다.

이 흡족한 마음이 자연과의 교감이며 농부들의 힘든 몸과 맘을 격려해 주는 '힐링'이란 영양제인가 보다. 어쩌면 막 중요한 수술을 끝낸 의사의 마음도, 아니 섬세한 작품을 완성한 장인의 마음도 모두, 잡초에 묻힌 작물을 보살피고 구해주는 농부의 마음과 똑같이 뿌듯한 마음이 아닐까 생각된다.

멧돼지와의 전쟁

골말 들에 자그마하게 농사를 짓고 있다. 나는 이곳을 판도라농원이라고 부른다. 판도라가 제우스로부터 받은 선물 상자 안에서 모든 부정과 절망들을 날려 보내고 남아있는 긍정과 희망을 찾아 가꾸고 싶어서다. 해서 요즘은 땀 흘려 일하는 과정에서 흙 속에 숨어있는 행복의 꼬투리를 발견하고 있다.

한데 요즘 판도라농원에 비상이 걸렸다. 며칠 전 건너편 밭에서 주인이 펜스를 치고 있었다. 고라니가 찾아와서 상추며 쑥갓을 모두 먹었기 때문이라고 한다. 어제는 또 바로 앞에 있는 참외 수박밭에 펜스를 치고 있었다. 이번에는 산돼지를 막기 위해서라고 한다. 마을 분들에게서 얼마 전에도 산돼지가 출몰했었다는 소식을 뒤늦게 들었기 때문에 은근히 걱정되던 중이었다. 다행히 양옆으로 밭이 이웃해 있으니 좀 낫겠지~ 하고 스스로 위로를 하는데 하필이면 산돼지가 고구마를 특히 좋아한단다.

처음 이 밭에 무엇을 심을까 걱정하는데 밭을 갈아주던 트랙터 기사가 고구마가 제일 키우기 쉽다고 했다. 맛도 있고 나누어 먹기도 좋을 것 같아서 이것을 심었는데 이를 어쩌나? 초조해서 밤잠도 잘 수가 없다. 마을에 알만한 분들에게 혹시나 하는 심정으로 자문을 구해본다. 간절히 듣고 싶은 대답은 "괜찮아요. 산돼지가 예까지는 내려오지 않아요." 하는 대답이었다. 그러나 초조하게 입술을 보며 대답을 기다리는 내게 어느 한 사람도 시원한 대답을 해주는 사람이 없었다.

 아차~! 말로만 듣던 멧돼지가 정말로 출몰하는 곳이구나! 제법 많은 고구마를 심어 놓은 나는 온갖 걱정으로 밤잠을 설치고 다음 날. 농업기술 센터를 찾아갔다. 나의 걱정을 다 듣고 여직원의 대답은 단호했다. "산돼지는 한번 출몰한 곳은 다시 찾아와 파먹으니 고구마 같은 것은 심지 말아야 됩니다."라고 앞이 깜깜했다. 벌써 이만큼 자랐는데, 지금은 작물을 바꾸어 심을 시기도 늦었지 않은가? 어쩌면 좋을까 안타깝게 질문하는 내게 차선책이라도 설명이 없는 여직원이 야속했다.

 아~! 판도라 상자에는 부정과 절망이 아직 남아 있구나! 망연자실 앉아있는데 평소 자문을 구하던 직원이 들어왔다. 애타는 심정을 그에게 말하니 3월이나 4월에 읍, 면사무소에 의뢰하면 방범이 있을 수 있지만 지금은 늦었다고 했다. 차선으로 사람의 머리카락을 담아다 걸어 놓으면 후각에 예민한 멧돼지가 사람의 있는 줄 알고 접근을 피한다고 했다. 난 지푸라기 잡는 마음으로 이 의견을 받아들일 수밖에 없었다. 그 길로 마을 미장원에 들러 머리털을 모아 달라고 부탁했다.

이번에는 귀농인들의 모임인 카페에 질문을 던져 놓았다. 귀농인들의 카페에서는 몇 가지 대답이 나왔다. 머리카락과 경광등 또 '크레졸'액을 이용한 퇴치법들을 알려 줬다. 비가 내리는 7월 초 난 부탁해 놓은 미장원으로 다니며 머리카락을 수집해 왔다. 그리고 다음날은 크레졸을 사러 도매 약국을 두루 찾아다녔다. 내게는 오로지 멧돼지를 막을 숙제뿐이었다. 오로지 이 목적을 위해 빗길을 다니는 다리도 가벼웠다.

그리고 밤을 지나고 나니 건너편 골짜기 웅덩이에 돼지 가족이 목욕을 하고 갔다는 소식이다. 큰일이다. 급한 마음으로 경광등을 알아보기 위해 면사무소에 들렀다. 이곳에서도 역시 시기가 좀 늦었다고 하면서 크레졸액을 권했다. 그렇다면 답은 나왔다. 구하기에 시간이 걸리는 경광등은 제쳐두고 구해놓은 머리카락과 크레졸액을 이용해서 방어선을 치자.

우선 머리카락은 봉투에 담아 이곳저곳 지지대에 걸어두고 크레졸은 병의 뚜껑을 살짝 열어 냄새가 풍겨 나오게 한 뒤에 밭 가에 죽 묻어 놓았다. 이렇게 하루 종일 바쁘게 다니다보니 저녁부터 비가 내린다. 목말라 하는 작물에 내리는 비도 반갑지만 멧돼지를 막아낼 방어선이 더 걱정이다.

예서제서 들리는 멧돼지의 출몰 소식이 나를 더 불안하게 한다. 한데 반가운 소식이 들렸다. 농사철 멧돼지사냥이 허락된단다. 그래서 요즘 산속에서 총소리가 펑펑! 들리고는 했나 보다. 산 중턱 과수원에서 그놈들을 쫓아내는 소리라고 했다. 그렇다면 이제 산돼지들이 좀 없어지는 것인가? 제발 이곳 골말에 나타났던 그놈들이 포획되었으면 좋겠다. 빵! 빵! 골짜기를 흔드는 총소리가 잦다. 생태계가 어찌 되든가 농부의 마음은 소중한 작물을 몽땅 뒤집어 놓는 그놈들이 제발 없었으면 좋겠다. 하지만 아무래도 이 밭에 고구마를 수확하는 그 날까지 멧돼지와의 전쟁은 팽팽하게 끝나지 않을 것 같다.

장난으로 던진 돌에 얻어맞은 개구리

한낮 이글거리는 태양이 연두색 바람을 밀어내고 진한 초록색 누리를 나른하게 하는 오후 채마 밭 앞을 지나고 있었다. 그때 발 앞에서 으스스! 석유 먹은 소리를 내며 기다란 녀석이 지나갔다. 나는 그만 비명을 질렀다. 머리카락은 하늘로 쭈뼛 서고 심장은 멈출 것만 같았다.

유년 시절 고향은 평화스러웠다. 동네 가운데에는 반딧불이가 날고 메뚜기가 뛰어노는 논 사이에 하얀 신작로가 있었고 나는 또래들과 신작로에 앉아 풀꽃을 따며 놀았다. 신작로 끝 삼거리에는 멍석이 깔려있어 저녁이면 농부들이 나와 하루를 쉰다. 하얀 모래 얼굴을 드러낸 여울물이 사계절 두런거리며 흐르는 평화스러운 곳이었다.

은하수가 흐르는 하늘에서 별똥별이 쏟아지는 저녁이었다. 우리들은 둘러앉아 현태 조카님의 얘기에 심취해 있었다. 그가 군인 생활을 하던 강원도는 산이 높고 깊어서 뱀이 엄청 많다. 그곳 뱀은 사람을 막 쫓아 와서 문다.

어느 날 간첩을 잡기 위해서 산으로 갔던 그는 좀 쉬려고 주위에 있는 나무토막에 걸터앉았다. 아! 그런데 그 나무가 꿈틀하면서 움직였다. 놀라서 몸을 돌려 막 뛰었지만 그놈은 계속 쫓아왔다. 뱀은 직진으로 뛰면 금방 따라와 문다고 해서 요리조리 갈지(之)자로 뛰었다고 도망하던 상황을 재현할 때의 긴장감, 오금도 못 펴고 꼴깍 침을 삼키며 듣던 나는 그 뱀이 내게로 달려드는 것만 같아서 숨도 쉴 수 없었다.

마을까지 쫓아온 뱀은 그가 집으로 뛰어들자 대문까지 넘어섰다. 마침 대문 뒤에 삽이 있어서 잽싸게 돌아서서 목을 콱! 내리쳤다. 순간 뱀은 죽었지만 단번에 목을 치지 못했으면 자신이 물려 죽을 뻔했다고 가슴을 쓸어내리는 그를 보는 나의 눈앞에는 뱀이 머리를 들고 쫓아오는 것이 어른거렸다.

초등학교 저학년, 순진한 나의 삼거리 평화는 깨졌다! 메뚜기 뛰놀던 논에는 뱀이 늘 복병으로 숨어있었다. 논두렁에서 풀꽃을 따던 동심은 공포에 휩싸였다. 뱀이 스르르 쫓아 올 것만 같아 멍석에 앉아 있을 수가 없다. 혼자서는 삼거리를 지나기도 힘들었다. 어쩌다 논둑 길 밭둑 길을 통과하려면 똬리를 틀고 있는 뱀이 매복하고 있는 것만 같아서 공포의 도가니다. 촌에서 논둑길을 안 다닐 수가 없으니 멀리 돌아서 다닌다. 파랗게 풀이 난 곳에는 발을 디딜 엄두가 안 나서 검은 흙이 있는 곳을 확인하고 징검다리로 뛰어서 건넌다.

설상가상으로 그 당시에 고추를 따다가 독사에 물려서 발이 썩어간다는 영순 언니의 소문도 돌았고, 울타리 밑에서 병아리를 거느린 암탉 가족이 독사에 물려서 죽었다는 얘기도 있었다. 자기의 모습을 드러내지 않고 숨어 사는 뱀은 꿈속에서까지 나타나 나를 괴롭히는 공포에 대상이었다.

한때는 도시생활도 했다. 녹녹치 않은 서울 생활은 경황(景況)없이 지나갔고 동심의 많은 사연들은 슬며시 회색이 되어 갔지만 이따금 자연을 접할 때면 어린 정서에 각인된 공포는 지워지지 않고 나를 괴롭혔다.

그러다가 몇 년 전부터는 귀농을 했다. 씨 뿌리고 가꾸는 재미가 쏠쏠한데 풀이 있는 곳에서는 온 신경이 곤두선다. 초록빛 들판에 햇빛이 반짝이는 평화스러움 속에서 느닷없이 기다란 놈이 으스스 모습을 드러내면 기절할 것 같다. 심심찮게 경악하는 내게 옆 밭 주인이 말을 건넸다. "뱀 무서울 것 읍시유~, 장화만 신으면 되유~" 하지만 나는 공포를 벗어버릴 수가 없다. 눈을 감으나 뜨나 어른거리는 사악(邪惡)한 그놈 때문에 노이로제가 되고 말았다.

농업기술원을 찾아가 사정을 했다. 제발 뱀을 없애는 방범을 알려달라고, 기술원 직원은 편한 대답을 했다. 밭둑에 제초제를 주어서 풀을 없애면 접근을 막을 수 있단다 가르쳐 준대로 했지만 믿기 어려웠다. 남편은 겁내는 나를 이해 못하고 풀이 많은 곳도 거침없이 다닌다. 그것을 보는 나는 기겁을 한다. 화려한 무늬로 위장하고 평화로운 숲에 매복하고 사는 뱀, 그 교활함 때문에 인간의 조상을 죄로 유혹한 업보의 누명을 썼는지도 모르겠다. 그렇다면 그도 가여운 피해자는 아닐까? 하고 생각해봐도 끔찍한 건 여전하다. 늘 바쁜 혀를 날름대는 간교한 너의 속내는 무엇이냐?

무엇보다 독이 많다고 하니 제발 조심하라고 당부를 해도 도무지 내 말에는 아랑곳하지 않는 남편, 나는 노심초사하다가 어느 날 현태 조카님의 경험담을 진지하게 얘기했다. 내 말을 듣던 남편이 갑자기 크게 웃어댄다. "거짓말이야 이 사람아 뱀이 지가 사람을 어떻게 쫓아와 그게 재미있으라고 한 말이지~." 어안이 벙벙했다. 남편의 말을 반신반의하면서 난 정신을 가다듬었다.

아! 어리숙한 나는 이야기꾼 조카님의 어마 무시한 이야기를 철썩같이 믿었다. 해서 두렵고 맘 졸이는 길고 긴 날들을 어떻게 지냈는가? 누군가 '장난으로 던진 돌에 개구리 맞아죽는다'고 했던가? 나는 그가 장난으로 던진 돌멩이에 얻어맞은 개구리가 되었던 것이다.

내 비명에 왜? 하고 돌아본 남편이 가까이 온다. '뱀' 저도 내 비명에 놀랐는지 빠르게 미끄러져 작은 구멍으로 숨어들었다. 난 떨며 뱀이 사라진 곳을 가리켰다. 남편은 뱀이 사라진 구멍을 꽉꽉 밟으면서 "괜찮아! 제집에 들어갔어." 하고 아무렇지도 않게 자기가 일하던 곳으로 돌아간다.

떨리는 가슴을 진정하던 나는 언듯 그놈에 대해 작은 연민이 지나간다. 아! 너도 역시 사람이 두려워 어두운 곳에서 숨어 사는 신세구나! 내가 너를 보고 놀랐을 때 너 역시 놀라서 네 집으로 숨어들었구나, 업보에 의해 평생 땅을 기어야 하고 늘 숨어 살 수밖에 없는 가여운 운명!, 뱀이 사라진 곳을 바라보면서 나는 생전 처음으로 그놈에게 측은지심이 들었다.

<문예비전문학>

제3부

멈춰버린 시간

어머니의 실패

 단추를 달기 위해 반짇고리를 꺼내왔다. 고리를 열자 오색실이 감긴 실패와 골무 가위 등 부속품이 가지런하다. 이 칸을 들어 올리자 밑에는 옛날 어머니께서 맞추어주신 배나무로 된 실패가 보인다. 노랗게 어머니의 얼이 쩌든 실패를 보며 난 잠시 생각에 잠긴다.
 벌써 고혼이 된 지 오래이신 어머니, 그분은 이렇게 작은 흔적을 통해 순간순간 아픔으로, 후회로, 또한 진한 그리움으로 되살아나고는 한다. '어머니! 그날 밤 당신께서 딸의 혼수를 챙기며 손수 감아주셨던 그 실이 아직도 이 속에 남아있네요' 나는 아련한 기억 속 엄마를 그려본다.
 어머니 방에는 늘 반짇고리가 있었다. 격자무늬의 반질반질 손때가 고왔던 것은 늘 안방의 한 곁을 지키고 있었다. 엄마는 저녁이면 가물거리는 등잔불 앞에서 이것을 편하게 가까이 하셨다. 반짇고리 안에서 실패를 꺼내 가족들의 헤어진 옷들을 깁고 꿰매어서 새것으로 만들며 넉넉지 못한 가정을 이끌어 오셨던 어머니, 등잔불 아래서 돋보기를 닦고 눈을 조아리며 바느질하시던 어머니의 그때 그 모습이 눈앞에 어린다.

어머니의 반짇고리 안에도 진한 갈색으로 윤기 나는 실패가 있었는데 그것은 엄마의 엄마 것이라고 했다. 5남매의 막내인 나의 엄마는 일찍 어머니를 여의었다. 모친과의 짧은 인연으로 가슴에 늘 그리움이 둥지를 틀고 있었는데 어느 해 친정에 다니러 갔다가 당신 올케(외숙모)의 반짇고리에서 벗겨져 있는 외할머니의 실패를 보았다. 소외된 듯 외롭게 보인 그것을 챙겨온 후로부터 손때 묻은 외할머니의 실패는 엄마 가슴에 숨어있는 그리움을 달래주는 흔적이었다고 했다.

어머니에게 실패는 특별함이 있었다. 새 생명이 태어난 후 첫돌에 실타래를 목에 걸어주면 명(命)이 길어진다 해서 엄마는 며느리가 아이를 낳을 때마다 장수하기를 바라면서 실타래를 걸어주셨다. 그리고 실이 감겨진 실패가 비워지지 않게 늘 실을 감아 속에 있는 실을 보호하라고 이르셨다. 엄마에게는 실패가 어떤 운명(運命)과 수명(壽命)을 갈음하는 신앙 같은 믿음을 가지고 계신 것이었다.

엄마의 반짇고리와는 사뭇 다르지만 지금 내 반짇고리 밑바닥에는 그 옛날 엄마가 감아주었던 그 배나무 실패가 하품을 하고 있는 것이다. 딸의 행복을 기원하며 감아주신 이 실패, 여기에 실을 감던 그날 밤 엄마는 많은 얘기를 해주셨다. 일찍이 엄마(외할머니)를 여의고 엄마가 그리워 마음앓이를 했다는 말도 그날 처음 들으면서 엄마의 어깨가 슬퍼 보였다.

  등잔불이 가물거리는 방에서 우리는 실을 감고 있었다. 실타래를 두 손에 걸치고 있는 나는 팔을 좌우로 돌리며 어머니가 실패에 실을 감기 편하도록 마음을 맞추고 있었다. 엄마는 실을 감는 손을 멈추지 않으면서 이야기를 계속했다. "이 실의 끝이 이렇게 길게 이어지듯이 너의 들도 길게 오래도록 행복해야 한다." 혼인을 앞둔 딸이 당신 같은 외로움을 대물림할세라 주술 같은 축원을 하고 있다고 나는 생각했었다.

  실이 헝클어진 곳이 나오면 실패를 아래로 위로 돌리고 사이로 꺼내고 풀어가면서 어떻게든 실을 끊지 않고 이야기는 계속되었다. "사람이 일생을 살아가다 보면 헝클어진 실타래 같이 여러 가지 험난한 길을 만날 수 있단다. 하지만 마음을 다해 풀어나가면 이렇게 다~ 풀리지. 제발 어려움들 잘 풀어가며 내외 인연을 오래오래 이어가는 그것이 제일 큰 복이란다."

  아버지 또한 일찍 여의시고 외로움을 가슴 한켠에 묻고 살아오신 엄마는 이렇게 딸의 행복을 염원하면서 실을 감으셨던 게다. 외로웠던 당신의 고독을 딸이 겪게 될세라 심히 걱정하던 마음, 오래도록 행복해야 한다는 그분의 절실함은 이렇게 오랜 시간이 지난 지금도 내 마음에 뭉클하게 남아 있다. '엄마의 실패' 덕분인지 난 많은 어려움을 겪으면서도 지금 이렇게 내 자리에 있다. 겉으로 드러낼 수 없는 앞이 보이지 않는 어려움도 많았다. 그때마다 헝클어진 실을 풀어가며 하시던 엄마의 목소리는 힘이 되었다. 바늘에 실을 꿰어 하얗게 다듬질한 이불 호청을 꿰매면서, 남편의 구멍 난 양말을, 아이들의 찢어진 무릎을 기우면서도 난 엄마의 마음을 함께 기웠다.

한데 엄마의 마음자리가 모르는 사이에 자식들의 일상으로 지워져 갔다. 그리고 매일매일 마주하는 이런저런 사연들로 메워졌었다. 슬며시 변하는 현실은 많은 것이 희미해졌다. 생활양식들도 바뀌어 헤진 곳을 깁고 다듬는 일들도 옛날이야기가 됐다. 반짇고리가 현대식 물품으로 바뀌어 가는 동안 엄마와 실을 감던 그 밤, 그 목소리가 조금씩 회색으로 변했다.

한데 요즘 자식들이 모두 성장해서 떠나보내고 나만의 시간이 생겼다. 게다가 코로나라는 불청객으로 인해 집안에서 머무는 시간이 많아지면서 오랜만에 반짇고리를 열어보다가 어머니의 얼이 서려 있는 실패를 만난 것이다. 그날 꼭꼭 채워서 감으며 일러주신 대로 난 이 실패에 실이 떨어지기 전에 다시 덧씌워 감으며 사용했다. 그러니 지금 내 손에 있는 이것은 엄마의 손때가 묻어있는 그대로다.

변함없이 엄마의 기억을 불러주는 노랗게 쩌든 이 실패에서 엄마의 냄새가 그윽하다.

<에세이21> 2021년

세대의 변화

 군인이 된 민구가 다녀갔다. 용돈을 아껴서 샀다고 달팽이크림을 가지고 왔다. 자주 보지는 못하지만 늘 가슴에 어리는 손자들 중에 한명이다. 다리에 걸린 풀잎 때문에 사색이 되고, 파리 한 마리에도 기겁을 하던 여리고 여린 아이의 군복을 입은 모습이 믿음직하다. 지금도 곤충이 많이 무서우냐고 물으니 지금은 괜찮다고 한다.
 이 애가 어렸을 때에는 유난히 예민하고 소심했다. 그때쯤 나는 가족들이 함께 자연 속을 찾아가 쉬었다 오기를 즐겼다. 어느 해 여름, 장마가 지나간 뒤 골뱅이 국수를 준비해서 아들, 딸 가족들과 북한산 송추계곡으로 나들이를 갔다. 개울가 나무 그늘 아래 자리를 잡고 손주들이 물장구치며 노는 모습을 바라보면서 뿌듯했다.
 한창 짙게 물든 녹음이 드리워진 계곡물, 파란 하늘과 흰 구름도 함께 일렁이는 물에서 아이들이 좋아라 한다. 물에서 나오면 먹이려고 골뱅이국수를 비비고 있는데 아이의 자지러지는 비명이 들렸다. 놀라서 뛰어가니 상류에서 장맛비에 쓸려 내려오던 잡초가 하필이면 민구의 다리를 감고 있는 것이 아닌가? 아이는 새파랗게 질렸다. 그 일이 상처가 됐는지 아이는 파리 한 마리에도 기겁을 하고는 했다. 그랬던 민구가 어느새 "할머니 사랑해요" 하며 넓은 가슴으로 나를 안는다.

 몇 해 뒤 큰아들은 인천으로 이사를 했다. 몸이 멀어지면 마음도 멀어진다고 하더니 큰애 가족의 얼굴 보는 기회가 뜸해져 갔다. 아들도 그렇지만 어린 손주가 보고 싶었지만 거리상 자주 보지 못하고 지내는 그때쯤 가족법이 개정되었다. 같은 울안에서 3촌 4촌이 동거하던 대가족은 사라지고 차츰 핵가족이 자리를 잡아갔다. 넓고 든든하던 가족이란 울타리가 콩가루처럼 흩어진다고 걱정하며 반대하는 사람들도 많았으나 시대는 빠른 속도로 적응해갔다. 어찌 보면 합당한 개인주의로의 복귀였으나 대가족 제도에 익숙한 나는 좀 안타까운 마음이었다.

 설상가상 때를 맞추어 스마트폰이 발달하고 사람들 사이의 소통을 문자가 맡아서 한다. 이런 발달도 나로서는 좀 불만족이다. 서로 얼굴은 자주 보지 못해도 전화선 너머에 목소리라도 듣고 싶다.

 맏이가 신혼시절 며느리는 자기들이 여행을 갈 때면 시부모인 우리 부부를 함께 가자고 했었는데 나는 깊게 생각하지 않고 무조건 따라갔다. 좋았다. 저희도 좋아서 초대하는 줄 알고 매번 쫓아 다녔으니 눈치 없는 시부모가 그 애들은 얼마나 불편했을까? 이제야 철이 나는가 싶어 슬며시 웃음이 나온다.

그랬는데 오늘도 문자가 도착했다고 '까톡'! 소리가 나서 열어보니 "어머님 비 조심하시구요. 오늘도 건강하세요" 큰애의 안부다. 반갑다. 그런데 목소리를 듣고 싶다는 허전함에 전화를 할까? 하다가 이건 정말 현실을 모르는 욕심이라고 생각되어 마음을 누르고 말았다. 이렇게 문자로 염려해 주는 마음만으로 고맙다고 생각하자! 스스로 허전함을 녹여버리니 가슴이 편하다.

세월은 말없이 흐르고 흐르면서 많은 것을 변화시킨다. 처음에 핵가족을 염려하던 것과는 다르게 젊은 가족들은 잘 성장해 가고 있다. 범위야 어떠하든 가족이란 울타리 안은 물보다 진한 것 틀림없다 이것만 마음에 둔다면 핵가족도 더욱 영글고 자립할 것이다. 여리기만 하던 나의 손주들도 모두 든든한 청년이 되었으니 말이다.

이런저런 생각이 많은 날은 집안이 더 덩그러니 허전하다. 지금은 다른 아이들의 부모가 된 내 아이들이 성장하던 시절을 생각하며 벽에 걸린 사진을 올려다본다. 다섯 식구가 찍은 가족사진은 딸의 결혼식 전날 찍은 사진이다. 딸을 남의 집으로 보내야 하는 아쉬움에서 찍은 것인데 평온한 행복이 어리는 사진이다. 이렇게 옛 사진을 보며 세월의 저쪽을 회상하는데 전화벨이 울린다. 받아보니 맏이의 목소리다. 잠시 후에 민구랑 좀 들른단다. 반갑고 고맙다. 요즘 며느리들은 시금치도 안 먹는다는 말이 있다. 한데 자신이 불편한 대신 멀잖게 남편의 손에 마음을 담아 보내고는 하는 며늘애의 지혜가 고맙다.

핵가족 사회에는. 자녀의 수도 한두 명뿐이니 자녀에 대한 관심은 대단하다. 각 가정의 아이들 모두가 금지옥엽(金枝玉葉), 왕자님이고 공주님이다 이렇게 곱게 자란 아이들 중에도 이따금 사회를 놀라게 하는 끔찍한 범죄가 일어날 때가 있어서 큰 충격을 받는다. 어쩌면 이런 사건들도 대가족제도의 상실에서 오는 결과가 아닐까 하는 우려다. 대가족이 함께 어울리는 속에서 조부모로부터 관심을 받으며 자란다면 좀 다르지 않을까 싶어 안타깝다.

아이들이 도착할 시간이 되어간다. 고맙다. 세월이 흐르고 사회 관념이 변해도 맏이는 역시 맏이로 타고나는가 보다.

하룻강아지의 행복

올 장마철은 비가 자주 내린다. 며칠 전까지만 해도 메말라가는 작물을 보며 애를 태웠는데 비는 역시 인류에게 꼭 필요하구나 생각 중인데 갑자기 휘이익! 세찬 바람이 불어오니 나무들이 허리를 못 펴고 한쪽으로 쏠린다.

바람은 금시 검은 구름을 몰고 왔다. 그리고 뒤이어 소나기가 쏟아진다. 큰 나무 아래서 비가 지나가기를 기다리다가 농막 안으로 들어왔다. 농막에 들어와 쉬고 있자 하니 굵은 빗줄기가 지붕을 마구 때린다. 그 두드림 속에 문득 세월 저 너머에 잠자던 한 소리가 들려온다.

70년대 초반 쯤이다. 시골에서 올라와 남편이 거주하는 작은 방에 얹혀사는 시골 새색시는 매일 새벽 남의 집 대문 앞에서 신문을 먼저 보고는 했다. 신문을 필독하면서 어린 새댁은 세상이 무섭게 변하는 것을 알았다. 당시에 아이가 있으면 전세방도 얻을 수 없다. 한데 우리는 아이도 낳고 어머니도 모셔 와야 한다. 전세방 값도 없이 빈손의 우리들에게는 당시 고공행진을 하는 집값을 대항해서 거처를 마련하기는 까마득했다. 드디어 우리 집은 여섯 식구가 됐다. 개발도상국이던 서울은 자고 나면 뛰어오르는 집값, 전세방 값에 정신이 없었다. 나는 어떤 결심이 필요했다.

어떻게 하면 집을 장만할 수 있을까? 정보를 찾고 찾아 헤맨 끝에 홍제동 인왕산 초입에 낡고 야트막한 집을 알아냈다. 이것을 잡아야 한다. 우선 낡은 집이라도 장만하는 것이 무섭게 상승하는 시대에 편승할 수 있다고 생각한 나는 무조건 계약을 했다. 막상 이사를 하고 보니 천정이 얕아서 캐비닛이 들어가지 않았다. 막막했다. 아무것도 기댈 곳이 없는 우리는 막무가내로 용기를 내야 했다. 건축업자들과 의논해서 기와를 다 들어내고 벽돌을 높인 다음에 다시 지붕을 얹기로 했다.

적법(適法)이 뭔지 위법(違法)이 뭔지 모르던 20대 후반의 시골 여자였던 난 호랑이 앞에 하룻강아지였다. 어떤 난관이라도 무조건 부딪쳤다. 한데 기와를 다 들어낸 그날 비가 내렸다. 공사를 맡은 아저씨들이 지붕에 슬레이트를 얹어주고 갔지만 밤이 되자 소나기로 변한. 비는 급기야 방으로 빗물을 줄줄 흘려보냈다. 나는 그 빗물을 양동이로 담아내면서도 지붕을 때리는 빗소리가 축복의 소리만 같았다. 축축한 방에 줄줄 흘러드는 빗물과 요란한 빗소리, 하지만 이 집은 어렵사리 장만한 내 집이라는 뿌듯함에서였을까? 빗소리가 고향 집 처마 밑에 낙숫물 소리만 같았다.

불편함을 참던 어머니는 한 말씀하셨다. "웬 웬 늄의 비가 이렇게 오누. 좀 그치지 않구!" 비명 같은 어머님 목소리에 마음이 아팠지만, 어머니께 멀지 않아 편안한 집에서 모시겠다고 위로해 드렸다. 사실 당시로서는 이 고생의 책임이 내게 있는 것이었다. 월세방이라도 편안한 집에 지내기를 바라는 가족의 마음을 넘어서 빠르게 오르는 서울 집값에 편승하기 위해 집을 가져야 한다는 것은 하룻강아지의 욕심이었다.

하루가 다르게 치솟는 집값을 보며 이대로 안주 할 수 없다는 초조함에 무리를 한 것이다. 여기에 벽돌을 두 칸 올리고 보니 대궐이 부럽지 않은 만족감으로 어리둥절했다. 일단 작은 목적은 이룬 것이다. 행복했다. 그리고 난 뒤에도 나의 철없는 욕심은 또 다른 고개를 올려다보는 용기가 생겼다.

생각해보니 당시 내가 또 다른 고개를 쳐다볼 용기가 생긴 것은 그날 밤 지붕을 때리던 소나기가 고향집 낙숫물 소리로 들렸기 때문인가 싶다. 난 이렇게 지금도 지붕에 난타를 치는 소나기 소리가 행복하다. 그리고 열심히 살았다. 정말 열심히 살다 보니 몸도 마음도 상처로 아리기도 했다. 가까스로 넘어온 고갯길, 그 길을 넘을 때 힘이 되어 주었던 것은 소중한 아이들이었다. 이제 이 아이들도 실하게 성장해서 든든하게 기둥이 되어준다.

이제 늘그막에 고향 쪽에 작은 농지를 마련하여 농사를 짓고 있다. 농사를 하며 자연과의 교감은 내게 잃었던 여유를 찾아 주었다. 씨앗을 뿌리면 평생 쌓인 자드락길 같은 가슴을 부드러운 새싹이 채워준다. 파릇파릇 돋는 새싹은 위로요 행복이다. 그 새싹을 사랑과 정성으로 보살피다 보면 새로운 생명들은 내게 여유로움을 준다.

 책임감 보다는 안일함만을 추구하던 남편도 자기 소유의 밭에서 철따라 변화하는 자연과 동화되는가 보다. 씨 뿌리고 거름 주고 풀 뽑을 시기를 잊지 않고 챙기며 농작물에게 책임 있는 보호자가 되어가고 있다. 오늘도 찜통더위 속에서 성실한 농부의 소임을 다하고 있는 것이다.

 소나기가 다시 지붕을 때린다. 머~언 옛날 슬레이트 임시지붕을 때리던 그 소리다. 무의식의 기억 속에 숨어있던 감사하고 행복한 소리다. 긴 세월 너머 촉촉한 가슴으로 밤을 새우던 그날의 철없던 젊은 아낙이 지금 이 흐뭇한 소리를 들으며 세월을 되돌아본다. 창문 밖에는 풍성한 생명들이 포만의 즐거움을 춤추고 호랑이 무서운 줄 모르던 하룻강아지는 가슴을 푸근히 적셔 주던 그날의 빗소리를 회상하며 행복에 취해 있다.

안나와 안셀모

눈에 넣어도 아프지 않은 손녀딸 아이가 있습니다. 살포시 웃는 애교, 어른도 놀라는 노래솜씨 천재적인 재능으로 사람들을 놀라게 하니 하나하나가 집안에 웃음이요 행복입니다. 일요일에는 성당에도 다니는 이 애가 요즘 10살이 되어 첫 영성체 교리를 받고 있습니다.

양정현 안나 라고 하는 이 애가 엊그제 성당 청소를 하는데 2층에서 교리를 받고 막 내려오고 있더군요, 마치 한 마리 나비가 나풀나풀 날아 오는 것 같았습니다. 성체를 영하고 싶은 소망을 가까이에 둔 아이는 행복해 보였습니다.

내 아이들을 키운 뒤 20여 년 만의 손녀의 탄생은 우리 집안을 향기롭게 했습니다. 이따금 엉뚱한 일로 놀라움을 주면서 아이는 어른들의 기대를 넘는 행복을 가정 안에 선물 했어요. 무엇과도 비교할 수 없는 하느님의 선물 이었지요 아이가 뒤뚱뒤뚱 걸음마를 시작할 때였습니다.

함께 미사를 드리는 중에 영성체를 모시러 나가게 됐는데 어린 아기를 혼자 두고 갈 수가 없어서 앞세우고 나갔습니다. 그런데 글쎄 막 성체를 영하고 돌아서려는데 아이가 갑자기 다리를 버티고 벌렁 누우면서 큰 소리로 울음을 터트렸어요. "아가꺼~ 아가꺼~" 하면서… 당황해서 가슴에 꼭 안으며 나의 볼로 아기의 입을 막으며 밖으로 나왔어요. 아기는 아가꺼~를 되풀이하며 서럽게 흐느껴 울었어요. 그 내심을 알아본즉 무언가를 어른들에게만 주고 자기는 주지 않으니 따돌림 당하는 서러움이었어요.

참고로 천주교에서는 10살을 넘고 세례를 받은 신자들은 미사 중에 최후의 만찬을 재현하는 예절이 있습니다. 어린아이가 보니 이때에 하얀 밀떡을 어른들 만 나누어 먹는 것이었어요. 집에서는 자기가 대장이요 공주인데 자기를 빼고 나누어 먹는다는 것은 있을 수 없는 일이라 서럽고 분했던 게지요. 아이는 울고 있는데 난 왜 이 상황이 그렇게 행복한지요. 지금 하느님 보시기에도 정현이가 이렇게 예쁠 것이라고 생각 됐어요. 주님 제게 어찌 이리도 고마운 선물을 주셨는지요? 감사합니다! 나는 아이를 꼭 안았습니다.

세월은 흐르고 아가도 훌쩍 자랐습니다. 아이가 네 살이 되었던 어느 날, 안나가 두 살짜리 동생 양상우 안셀모와 과자를 먹고 있었어요. 그런데 그냥 먹는 것이 아니고 두 손을 모은 동생의 손에 과자를 한 개 얹어주면서 "그 ㄹ ㄹㄹㄹ멈!" 하면 안셀모는 예수님 같은 천진한 표정으로 공손히 받으면서 "먼!" 하고 먹는 것이 너무 사랑스럽고 귀여웠어요. 아이들이 하는 짓들은 무엇이나 사랑스럽고 놀랍지만 그 뜻을 알아챈 나는 깜짝 놀랐습니다. '그 ㄹㄹㄹㄹ멈!'은 '그리스도의 몸' 이란 거 아니겠어요? 하지만 모르는 척 하고 안나에게 물었어요. 그게 뭐야~? "그거~ 성당에서 아저씨가 주는 거~" 안나는 자기 의사를 확실하게 말하는 것이 아니겠어요. 발음도 부정확한 동생 안셀모가 천진난만한 표정으로 '먼' 하며 받아모시는 모습은 너무 귀엽고 사랑스러웠습니다. 그리고 서툰 발음으로 하는 안셀모의 '먼'은 '아멘'이란 것은 쉽게 알 수 있었지요. 기쁨이 벅차올랐지만 참았어요. 그저 아가들의 발상에 감탄할 뿐이었습니다. 발음도 부정확한 아이들이 입을 오물거리며 '그 ㄹㄹㄹ 몸'을 모시는 천진한 모습에서 살아계신 예수님을 보았습니다.

그 뒤 아이들은 자라서 1학년에 입학했고 여름방학이 됐지요. 또 함께 미사참례를 하게 되자 아이는 성체에 대한 호기심을 잊지도 않고 제발 조금만 떼어달라고 앙증스럽게 작은 손의 검지손톱 끝을 조금 내보이면서 애원을 하더군요. 할머니의 마음으로 조금만 떼어 주어도 될 것 같았지만 순간 이것은 유혹이다 안되는 것은 절대 하지 않는 것을 가르쳐야 한다고 생각했어요. 해서 열 살이 될 때까지 기다리기로 아이와 손가락을 걸면서 약속했습니다. 그랬던 아이가 이제 10살이 된 거예요 그리고 내일이면 그토록 소망하던 첫 영성체를 한답니다. 축하해 주세요. 꽃보다 예쁜 나의 손녀 안나가 첫 영성체를 통하여 하느님을 모시게 된 것을 말입니다. 그토록 갈망하던 '그 ㄹㄹㄹ 몸'을 모시면서 예수님을 닮아서 모두를 사랑하고 용서하며 행

안나와 안셀모 113

복을 주는 삶을 살아갈 수 있도록 늘 보살펴주어야 되겠다고 마음으로 다짐해 봅니다. 이제 1학년이 된 씩씩하고 멋진 안셀모도 2년 후면 같은 과정을 거치며 하느님을 모시게 되겠지요? 그리스도 안에서 조금씩 조금씩 성장해가고 있는 아이들의 모습이 우리를 행복하게 합니다.

멈춰버린 시간

그날 나는 학교가 파하고 곧 설을 지나면 3학년이 된다는 설렘을 느끼며 나물고개를 넘어 집으로 오고 있었다. 모시란 들판에 가까웠을 때쯤 삼촌이 황급히 버스 길을 향해 달려갔고 뒤이어 오빠도 급한 발걸음으로 지나갔다.

뭔가 불길한 느낌으로 집에 돌아와 대문으로 뛰어 들어서며 아버지는? 하고 물었다 "아버지 삼촌이 모시러 갔어." 엄마는 아무렇지도 않게 대답했다. 아침에 나를 트럭에 태워 학교 앞에 내려 주고 세밑장에 간 아버지! 밤이 깊도록 나는 엄마가 짓는 분홍치마 색동저고리 설빔을 만지작거리면서 아버지를 기다리다 잠이 들었다.

다음날 학교에서 돌아왔지만 세 사람은 보이지 않고 뭔가 어두운 분위기가 집안에 감돌았다. 마을 사람들이 하나둘 집에 모였다. 해질 무렵쯤 밖에서 아버지의 트럭 소리가 들렸다. 나는 반가워서 뛰어나갔지만 삼촌 등에 업혀 들어오는 아버지는 팔을 축 늘어뜨린 채 초점 없이 한쪽 눈만 뜨고 있었다. 무언가 큰일이 생겼다는 것을 여덟 살 나도 느낄 수 있었다.

둘러앉은 사람들 속에서 호롱불이 깜빡거릴 때마다 아버지가 일어나실 것 같은 기대가 번번이 깨지는 불안을 나는 견디고 있었다. 시계가 밤 8시를 가리킬 때쯤 나는 안방으로 불려가서 아버지의 왼쪽 허리쯤에 앉혀졌다. 아버지는 힘겹게 한쪽 눈을 뜨고 가족을 둘러본 다음 시선이 나에게 머물렀다. 무슨 말을 하시려나 싶어, 아버지의 말을 안타깝게 기다렸다. 그러나 한참을 바라다보고 있던 아버지는 아무 말 없이 눈을 감으셨다. 방안이 술렁거렸다. 그리고 조금 후 집안에 오열이 터졌다.

아버지 나이 40세, 여덟 살짜리 나는 '죽음'이란 것을 어렴풋이 느꼈다. 아버지가 돌아가신 거야? 아니야! 아니야! 거짓말이야! 나는 오돌오돌 공포에 떨며 밤새도록 죽음이라는 현실을 거부하고 있었다. 아버지가 내일 아침에는 일어나서 따가운 턱수염을 내 얼굴에 비비면서 '우리 딸!' 하고 나를 높이 들어 올려줄 것이라고 기대하며 잠이 들었나 보다.

어른들이 분주하게 움직이고 있었다. 아침이 된 것이다. 많은 사람들이 웅성거렸다. 마당에는 울긋불긋 한 것이 들어와 있었는데 그것이 '상여'란 걸 어렴풋이 알았지만 그 용도 또한 어렴풋했다. 그냥 사람들이 모여든 잔칫집 같은 분위기가 새로워서 마루에 나와 앉아 구경하고 있었다. 그때 사람들이 안방에서 무언가 무거워 보이는 길쭉한 물건을 마루로 내왔다. 순간 그것이 아버지라는 것을 느낀 나는 세상이 꺼지는 것 같았다.

 달려가 그것을 붙잡았다. 아버지! 안돼! 안돼! 울부짖는 나를 누군가 떼어내려 했다. 안돼! 안돼! 나는 절대 아버지와의 이별을 용납할 수 없었다. 아버지! 아버지! 나는 발버둥하며 아버지를 부여잡았지만 어느새 아저씨의 등에 업혀져서 발버둥치다가 잠이 들었다.

 아버지의 일생은 짧고 굵었다. 17살에 결혼 남매를 낳은 후 할아버지의 뜻을 따라 서울에 있는 전문학교에 진학했다. 그러나 부친의 기대를 저버리고 등록금을 가지고 운전을 배워 다꾸시(택시) 운전수가 되었다. 일제하에서 빠르게 근대화되던 당시 운전수라는 직업은 상당히 인기가 있었다. 그런 시대에 편승한 아버지는 엄마를 외롭게 했다. 그러다가 10년 만에 늦둥이 딸을 낳은 후 그딸에게 정을 붙였는지 아님 돌아가시려고 그랬는지 가정으로 돌아오셨다고 한다.

 집에 돌아와서도 서울이나 읍으로 드나드는 운송 일을 하셨던 아버지는 기회가 되면 나를 데리고 다녔다. 20대에 낳은 언니는 이미 성인이었고 3살 된 막내딸은 아직 어려서 엄마의 품에 있었는가? 아버지는 유독 나를 가까이 두셨다. 학교 선생님들과의 술좌석에도 데리고 가서 엉덩이를 흔들며 춤을 추게 했지만 부끄러운 줄 몰랐고, 늦은 밤 높은 조수석에 앉아 신작로를 달릴 때면 마주 달려오는 자동차의 헤드라이트가 무서워서 마음이 졸였지만 곁에 아버지가 있어서 믿어졌다.

 그러나 이제 아버지와 나의 시간은 멈추었다. 그토록 한없는 행복을 주던 아버지가 세밑에 갑자기 돌아가신 것이다. 아버지가 영원히 떠나셨다는 것, 따가운 턱수염을 이제 만질 수도 없고 밤이면 팔을 베고 함께 노래할 수도 없다는 것을 여덟 살 나는 받아들여야 했다. 선생님의 위로를 듣는데도 눈물이 계속 흘렀고 웃음도 잃었다. 말도 잊고 고개를 젓거나 끄덕이는 것으로 의사 표시를 대신하는 바보가 되었다. 언니와 동생이 있었으나 친구가 되지는 못했던 것 같다. 슬픔 속에 외로움 속에 세월이 흘렀다. 다행히 책 읽는 것이 좋아서 슬픔과 고통, 꿈에도 볼 수 없는 아빠를 향한 그리움, 미움 등을 오빠 책장에서 책을 꺼내 읽으며 견디었다.

그러기를 몇 년이 흘렀을까? 사춘기를 지날 때쯤, 드디어 아버지가 오셨다. 환하게 웃는 모습으로…. 너무 반가웠다. 온 세상이 금빛이었다. "아빠 죽지도 않았는데 왜 죽었다고 해서 날 이렇게 슬프게 만들었어?" 하고 아버지 가슴을 두드리며 통곡하다가 내 울음소리에 잠에서 깼다. 깨어나고 보니 너무 허무하고 슬퍼서 그때 일생 동안 흘릴 눈물을 다 쏟으며 울었던 것 같다.

그 후로부터 멈추어진 시간은 거기에 두고 조금씩 나의 시간이 돌아왔다. 그리고 지금 반백의 노년이 되어 60여 년의 세월 저쪽에 멈춰있는 아픈 그 시간을 되돌아보고 있다.

<에세이21> 2020년

탕평치

김장하는 날이니 새벽부터 마음이 부산하다. 산지에서 소금물에 절여지고 맑은 물에 깨끗이 목욕을 한 배추는 어제 택배에 실려 온 뒤 소쿠리에 들어앉아 불필요한 수분을 자아내고 있다. 남편은 채칼로 무를 썰고 나는 불편한 몸으로 양념을 썬다. 아침 9시가 가까워지자 애들 네가 들어오기 시작한다. 가까이 사는 작은애(며느리)는 어제도 와서 양념을 씻어놓고 갔기 때문에 피곤할 텐데 젤 먼저 들어온다. 뒤이어 멀리 살고 있는 딸네도 도착했다.

늘 무 속을 버무려주던 맏이가 아들 민구의 수능을 갓 치루고 난 뒤라서 알리지 않았기 때문에 이번엔 남편이 버무린다. 곁에서 보고 있던 사위가 힘들어 보였던지 장갑을 끼고 거든다. 사회에서는 지도층에 있는 박사님이 함께 담으니 김치가 더욱 맛나리라 한바탕 웃으며 버무리니 행복하다.

하얀 무채에 고춧가루를 넣고 버무린다. 곁에는 함께 섞여지기를 기다리는 파 마늘, 생강, 갓, 젓국, 생새우, 생굴, 찹쌀풀 등 각각의 맛을 소유한 부재료들이 눈을 껌뻑이며 기다리고 있다. 개개의 양념들은 모두 특이한 맛과 성분을 가지고 있지만 그것들이 한데 어울릴 때 비로소 하나의 완벽한 요리로 탄생한다. 드디어 양념을 투하할 때가 됐다. 준비된 양념을 한 가지씩 넣기 시작한다. '버물버물' 새로운 것이 들어갈 때마다 새로운 향기가 거실을 가득 채운다. 차츰 윤기가 촉촉한 맛깔스럽고 먹음직한 김치 속이 완성됐다.

  영조는 탕평(蕩平)책으로 노론, 소론의 대립이 심한 붕당정치를 완화시켜 보자고 연회의 자리에 탕평채를 준비시켰다. 하얀색 청포묵에 파랗고 검고 붉은 갖가지 양념을 골고루 섞은 맛난 탕평채를 권하며 신하들에게 당파가 없는 국정을 당부한 영조의 지혜, 나는 오늘 갖가지 양념이 어우러져서 생성되는 김치소야말로 진정한 탕평(蕩平)의 요리라는 것을 발견했다.

  우리 집 김장은 10대에서 70대까지의 가족이 남녀 구별 없이 어울려서 함께한다. 멀리에 살면서 평소 자주 만날 수 없는 가족들이 이 기회에 한 공간에 모여서 몇 시간 동안 힘들고 어려운 노동을 해낸다. 이 힘든 과정은 서로간 허심탄회하여 보이지 않는 벽이 허물어지는 부수적 이익도 있다.

  교편을 잡고 있는 작은애(며느리)는 인공관절수술로 건강이 좋지 않은 나를 대신해서 잘도 일을 처리한다. 어제 저녁 늦게까지 일을 했다는 딸도 피로를 밀어내며 열심히 올케를 도우려고 애쓰는 것을 보니 역시 김장김치는 탕평(蕩平)치 맞는가 보다. 김장 하면 빼놓을 수 없는 사람은 막내 손자 현구다. 초등학생인 녀석은 유치원 때부터 고무장갑을 끼고 김장에 참여한다. 얼굴에 묻히고 옷에 범벅을 하고 온통 실수투성이지만 그것이 더 귀엽고 사랑스럽다. 올해도 어김없이 장갑 낀 두 손을 무릎 위에 세우고 기다린다.

드디어 둘러앉아 속 넣기를 시작한다. 뭐니 뭐니 해도 김장의 백미(百味)는 노란 배추고갱이를 떼어내서 새빨간 속을 듬뿍 싸서 먹는 것이다. 화끈하게 맵지만 달콤하고 알싸한 매력도 있어 매운 맛을 이기려고 헛바람을 시시 내불면서 먹는다. 이것은 1년에 한 번 김장 때만 먹을 수 있는 기막힌 맛이다. 이 별미의 김장 속을 서로에게 한 쌈씩 싸서 먹여주며 사랑을 건네준다.

건강문제로 올해는 김장을 건너뛸까 했던 마음을 이기고 시작한 것이 참 다행이다. 점심을 준비하는 나에게 한 쌈씩 싸서 먹여주는 아이들의 정, 나는 그 안에 담긴 정을 받아먹으며 사랑을 듬뿍 되돌려준다. 요즘 젊은이들 시금치도 안 먹는다는데 집안에 일이 있을 때마다 늘 즐겁게 어울려주는 작은애가 오늘은 더 고맙고 미덥다.

이래서 우리 집 김장은 힘도 들지만 즐거운 연례행사다. 허리를 두드리며 힘들어하면서도 왁자지껄, 까르르~ 정(情)이 살아있는 소중한 시간, 힘든 노동 뒤에 기다리는 뿌듯함과 서로를 배려하는 탕평(蕩平)의 시간이다.

김장 날의 일미(一味)는 삼겹살 수육이다. 수육을 삶고, 채를 썰고 남은 무를 넣은 고등어 조림을 준비하는데 김장이 끝났다. 약간 늦은 점심시간, 간단한 밥상에 온 가족이 둘러앉은 점심은 꿀맛이다. 큰일을 완수했다는 만족감으로 모두 뿌듯한 표정들, '민속주'를 한 병 따서 잔을 나눈다. 가족 모두가 함께 힘든 일을 해냈다는 상기된 분위기다.

나는 이 분위기에 젖어 입을 열었다. "오합지졸이 모였어도 빨리 끝 났 네~ "어머니~ 왜 오합지졸이어요?" 작은애가 깜짝 놀라며 말을 끊는 바람에 모두 한바탕 웃음이다. "여기서 함께한 게 몇 년인데요. 이젠 숙달된 조교에요~" 새삼 작은애가 대단해 보인다. "그러고 보니 우리 현구도 경력이 몇 년째냐?" 고 이구동성 웃음이 이어진다.

예전 고향에서의 김장은 정말 힘들었다. 밭에 있는 배추를 직접 따서 다듬고 소금에 절인 것을 살얼음 낀 시냇물에서 씻었다. 고무장갑도 없던 그 시절, 꽁꽁 언 손을 비벼가며 온몸은 동태가 된다. 그렇게 힘들던 때를 생각하면 요즘의 김장은 많이 쉬워졌다. 하지만 너나없이 바쁜 사회가 되니 김장을 회피하는 문화가 일어나고 있다, 나는 건강이 허락하는 날까지 내 가족들이 좋아하는 엄마표 '탕평치'를 먹여주는 그늘막이 되어 주리라.

<문예비전문학>

후 회

설 명절을 지난 뒤, 친정집을 방문했다. 설이라 해도 때때옷 입고 세시풍습을 즐기는 모습은 한 점도 보이지 않는다. 마을 골목이 한산한데 산소 앞 어머니가 살아생전 가꾸시던 밭에는 겨울바람이 휘몰아친다. 그 밭 가운데 살아생전 어머님의 모습이 어른거린다.

어린 나이에 외할머니를 여읜 어머니는 시어머님께 정을 쏟고 싶었는데 시어머님도 일찍 병이 드셨다. 아내를 살리려는 할아버지는 가산을 털어가며 큰 굿을 몇 번이나 했지만 할머니는 결국 돌아가시고 말았다. 아내를 잃은 상심이 깊으셨는지 할아버지께서도 병이 드셨다. 게다가 서울로 유학을 보낸 아드님(나의 아빠)이 그 뜻을 따라주지 못했다. 상심이 겹친 할아버지는 엄마의 정성스런 병구완도 보람 없이 돌아가셨다. 그리고 몇 년 뒤 아버지까지 돌아가셨으니 엄마는 얼마나 앞이 막막했을까? 그래도 당신의 운명이라 순응하며 저 밭에 당신을 맡겼다.

처음 어머니가 번던말(앞에 보이는)밭을 손수 하겠다고 할 때 주위에서는 극구 말렸다. 대농가집에서 집안일만 하던 새댁이 밖에 일을 하는 것이 쉬운 일이 아니라고 만류했다고 한다. 하지만 결국은 밭을 가꾸기 시작하셨다. 아침 눈을 뜨면 먼동을 지고 밭으로 가셨고 해가 지면 노을을 업고 돌아오셨다. 오밀조밀 소꿉장난하는 것 같다고 남들이 웃었으나 개의치 않고 늘 밭에서 사셨던 어머니다.

　겨울을 제외한 3계절을 저 밭에서 한 개 점으로 사신 어머니, 덕분에 나는 학교에서 돌아오면 주전자에 물을 들고 엄마에게 가고는 했다. 풀 향기에 취하며 잠자리와 놀다가 주전자에 시원한 물이 다 식은 뒤에야 밭에 도착했다. 왜 그랬을까? 주전자에 송글송글 이슬이 맺도록 차갑고 시원한 물을 빨리 갖다 드렸으면 엄마가 시원한 물을 마실 수 있었는데, 지금도 그날의 어머니는 저곳에 계시는 것만 같다.

　매운 바람이 문풍지를 두드릴 때면 엄마는 동생과 나를 양쪽에 팔베개 하고는 옛날이야기를 해주셨다. 서당 아이들이 책을 읽듯이 이야기책을 한참 읊고 나서 해설을 덧붙이는 식의 얘기는 정말 재미있었다. 띠 동갑 오빠는 건넛방, 언니는 윗방에서 잠을 자기 때문에 이 시간은 동생과 나만의 차지었다. 멀리서 부엉이가 우는 밤이면 나는 엄마 가슴에 붙어서 그윽한 엄마의 내음을 맡으며 잠들고는 했다.

　엄마는 어려서 향학열이 있었다. 공부가 하고 싶어 외할아버지 몰래 서당에 갔다가 똘똘한 학생을 본 훈장님은 외할아버지께 칭찬을 했다. 그 칭찬을 들은 외할아버지의 추상같은 호령으로 엄마는 집안에 감금되었다. 그러나 공부가 하도 하고 싶어서 병이 났다. 하니까 외숙모가 뒤란 하수도 구멍에 가마니를 깔고 몰래 드나들도록 도와주어서 글공부를 했단다. 몇 번을 들어도 재미있는 이야기, 허지만 그때 엄마의 그 상기된 목소리에는 당신 부모님을 향한 그리움이 잔뜩 묻어 있다는 것을 정말 몰랐다.

어머니의 이야기에 취해 스르르 잠이 들었다가 언제쯤 깨어보면 호롱불 밑에서 바느질을 하거나 조용히 책을 보고 있는 엄마가 보였다. 나는 그냥 엄마가 있다는 안도감에 다시 잠이 들었지만 그 긴 밤 잠든 딸들을 보며 아버지 없이 자라날 어린 딸들을 걱정하는 여인의 애련한 한숨을 듣지 못했다. 어머니의 어깨를 비추는 호롱불 그림자 밑에 짙은 고뇌와 서늘한 외로움을 숨어 있었다는 것을 왜 진작 몰랐을까? 내가 자식 낳은 훨씬 뒤에서야 엄마의 진한 외로움을 생각할 수 있었으나 이건 때늦은 후회다.

계절 따라 색깔이 바뀌는 들판에서 어머니는 언제나 하나의 점으로 또한 그림자로 살았다. 저 밭에다 콩이며 참외를 심어놓고 그들과 외로움을 나누었을 엄마를 이제야 이해할 것 같다. 여름날 시원한 매미 소리를 들으며 미숫가루 주전자를 들고 남산 밑을 지나 미루나무 그늘을 돌아서면 먼발치에 엄마의 모습이 보였다. 변함없이 머릿수건을 쓴 엄마의 작은 그림자가 얼마나 반가운지, 뱀이 나올지도 모른다는 두려움에 조이던 가슴이 해방되고 발걸음이 빨라진다.

허지만 솔직히 난 그때 밭 가꾸기를 안 했으면 싶었다. 주전자를 나르는 것이 싫다고 투정도 부렸다. 긴긴 날 저려오는 외로움을 자라나는 곡식들과 나누고 싶었을 어머니의 마음을 그때는 정말 알지 못했다. 이제 나이 들어 철들고 보니 그때 적막했을 어머니의 그 마음이 너무 가슴 아프다. 그나마 자라는 작물들과 당신의 외로움을 나누었을 생각을 하면 저 밭이 참 고맙다.

 밭은 그대로인데 그림자로만 남아있는 어머니의 그 외로움이 마음 아프다. 저 흙에 묻은 어머니의 눈물은 또 얼마나 많았을까? 이제 고혼이 되신 어머니! 한 번이라도 어머니의 서늘한 외로움을 이해하고 따듯하게 안아 드렸더라면…. 그 야윈 가슴을 꼭 안아주었더라면 이 모든 것들 이제서야 알게 되었다니 어머니! 때늦은 후회로 가슴이 메여옵니다.

어긋난 단추

아래층 그녀를 알게 된 것은 5년 정도 되나 보다. 그녀와 나는 우연히 고향이 장호원인 것을 알고 마음이 가까워졌다. 4일과 9일에 서는 5일장 이야기, 시내를 가로질러 흐르는 청미천이야기, 조선 말기 명성황후가 피신해 있던 매산 위의 감곡성당 이야기 등을 되풀이하며 우리는 더 친숙해졌다.

장마가 지루하던 어느 날 외출에서 돌아오다 승강기 앞에서 밝게 웃고 있는 그녀를 만났다. 그리고 깨끗하게 정돈된 그녀의 집 거실로 안내되어. 함께 차를 나누고 있는데 작은방 문이 열리며 그녀의 남편이 나왔다. 풍채와 인상이 좋은 분이었는데 몸의 절반이 자유롭지 못하다. 2년 전쯤 갑자기 찾아온 병마에 그리됐다고 말하면서 그녀는 남편을 보자 표정이 굳어지고 사무적인 어투로 변했다. 그리고 화장실을 다녀온 남편이 들어간 방문을 투박하게 닫는 것이 아닌가.

그녀는 탄식하는 듯 입을 열었다. "단추 구멍이 안 맞았어!" 한숨을 쉬고 말을 계속했다. "젊은 시절 마음 고생을 너무 많이 해서 지금은 정말 밉다"고 그동안 보아왔던 밝고 부드럽던 그녀 표정의 뒷면에 이렇게 차고 굳은 마음이 있었던가 싶다. 옛말에 '여자가 한을 품으면 여름에도 서리가 내린다'고 했던가, 그녀는 시선을 떨구고 이야기를 이어갔다.

그(그녀의 남편)는 자신의 몸만 소중하고 아내를 하찮게 여기며 모든 것을 자기 위주로 살아왔다. 가부장적인 것이 도를 넘었던가 보다. 게다가 경제적으로 힘든 상태에서, 이성 문제까지 겹쳐 얼마나 고생을 시켰는지 원망이 사무쳐있었다.

단추 구멍이 안 맞았다고 원망에 젖은 목소리로 말을 이어가던 그녀의 목소리가 자꾸 귓가를 맴돈다. 옷을 입고 단추를 잘못 꿰면 옷이 일그러져서 얼마나 불편하고 우스꽝스러운가? 부부란 인연도 단추와 구멍이 옳게 맞듯이 잘 어울리면 그 가정이 더없이 아름답다. 하지만 사람의 일 뜻대로 되는 것이 아닌지라 더러는 맞지 않는 단추를 끌어당기며 사는 부부가 실제로 꽤 있다.

그녀의 말은 나의 지난날을 생각하게 했다 나 역시 행복을 꿈꾸며 결혼했지만 마음 같지 않았다. 남편은 화성에서 왔고 나는 금성에서 온 것이 분명한 우리는 현실에 적응하지 못했다. 처음 얼마간은 늙으신 부모님에게서 태어나 과잉보호를 받은 때문인가 보다. 앞으로 변하겠지 하고 이해했지만 세월이 지나도 서로의 의식은 변함이 없었다. 우리는 차츰 소원해져 갔고 어쩔 수 없이 상대를 탓하며 지냈다. 체념과 함께 "부부는 전생의 원수가 만난다"는 속담을 위로 삼아 살고 있었다. 이렇게 오랜 세월을 살아오면서도 난 아직도 그의 성품을 받아드릴 자리를 비우지 못하고 있었는데 오늘 아래층 그녀로 말미암아 다시 한 번 되돌아보게 되었다.

요즘은 자녀에 대한 숙제를 끝낸 부부가 '졸혼(卒婚)이라는 유행어를 만들어 남은 삶의 희생을 거부한다. 이렇게 새록새록 변해가는 세대에 매력을 느껴 나도? 하고 살짝 유혹을 느끼기도 했다. 그러나 이 나이 되어 다시 세상을 보니

극기를 넘어온 노부부가 서로 아끼고 의지하는 삶을 볼 때 훨씬 더 좋아 보인다. 인내(忍耐)의 열매이기 때문에 달콤하고 아름다운가 보다.

여름 농사철에 잠시 뜸하다가 다시 그녀를 만났다. "우리 아저씨 요양원에 갔어." 그녀는 상황에 맞지 않게 지극히 사무적인 목소리로 말했다. 거실의 전깃불을 끄다가 쓰러져서 119에 실려 요양원으로 갔다고 했다. 요양원이라면 삶의 끄트머리에서 몸을 맡길 곳이 없는 사람이 어쩔 수 없어서 가는 곳 같다. 요즘은 가족이 바쁘다는 이유로 요양원에서 병든 최후를 보내는 사람들이 많지만, 한데 지금 그녀의 남편은 건강한 아내가 혼자 집에 있는데도 젊은 날을 방탕히 지냈던 이유로 아내의 보살핌을 받지 못하고 시설로 간 것 같아서 왠지 측은하게 느껴졌다.

그리고 며칠 만에 다시 본 그녀는 아무렇지도 않게 내게 말했다. "우리 아저씨 갔어." "어디를요?" "장례 치르고 화장했어." 난 놀랬

다. 참 쉽다. 사람 하나 이 세상을 하직하는 것이 너무 쉽고 아무렇지도 않구나! 적어도 이웃의 조문은 받고 가야 하는 것 아닌가.

어렸을 적 고향에서 누군가가 세상을 뜨면 마을사람들은 모두 빨래도 못하고 머리도 못 감았다, 그리고 망자(亡者)가 마지막 떠나는 길을 도왔다. 상여가 출발하면 모두 나와서 배웅하며 자신의 가족 같이 슬퍼하였는데…. 남편이 타계한 뒤에도 처음 얼마 동안 배우자를 잃었다는 슬픔을 찾아 볼 수 없었다.

가을이 무르익고 낮이 짧아진 어느 날 우리는 다시 마주 앉았다. 창밖에는 가랑잎이 어석거리며 떨어지고 있었다. 마주 앉아서 이야기하는 중간 중간에 난 그녀에게서 외로움을 보았다. 마음도 추워 보였다. "그래도 그 양반 있을 때가 든든했어." 남편이 없으니 집안이 너무 허전하고, 밤이 무섭기까지 하다고 했다. 덜컹덜컹 가을바람이 거실 창문을 흔들며 지나간다. 그녀의 목소리는 바람 소리에 잦아든다. 남편이 그냥 밉고 원망스러웠는데 막상 혼자가 되고 보니 '하루 세끼 밥을 먹었느냐'며 챙겨 묻던 남편의 목소리조차 그리워지더란다. 병든 남편을 살뜰히 보살피지 못한 것이 갈수록 마음에 걸려서 어떤 좋은 일도 반감된다며 눈시울에 이슬이 서리던 그녀의 모습이 떠오른다.

"옛말에 효자 열 명보다 악처(惡妻) 하나가 낫다네, 지나고 나서 후회한들 아무 소용없는 일이구먼" 가끔 들어오던 말이기에 귀밖에 말이 되기도 했다. 그러나 바로 이웃 친구인 그녀에게서 들은 이 말은 너무나 선명하게 마음에 남는다. 인생 100세라는데 6~70년 그 긴 기간을 어찌 사랑으로만 살겠는가? 이제 남은 삶의 자락들 힘들다고 생각될 그때마다 그녀의 외로운 얼굴을 한 번 씩 떠올리며 화성에서 온 남편의 의식을 받아줄 자리를 금성의 마음속 어딘가에 준비해두도록 해야겠다. 그리고 비록 어긋난 단추이지만 편편이 매만지며 살아야 될까 보다.

<문예비전> 109호

예순아홉 즈음에

설은 가까워오는데 온몸이 무겁고 나른하다. 감기일까? 내 나이 이제 설이 지나면 예순이라는 중년에서 70대의 노년으로 몰고 가는 것 같아서 거부하고 싶다. 돌이켜보니 열아홉 살 년말(年末)이 그랬고 서른아홉 살 연말(年末)이 그랬었다. 순박한 10대 소녀 시절에서 스무 살 처녀가 되는 것이 영 싫고 아쉬웠다. 처녀라는 이름의 생소한 대열에 합류하는 것이 정말 받아들이기 싫었다.

그리고 서른아홉 길목 또한 마흔이라는 단어가 왜 그렇게 어색하고 거부하고 싶었는지? 한데 지금 60대를 보내는 것 또한 이렇게 우울하고 낯설다. 할 수만 있으면 여기서 멈추고 싶다. 지금은 노인이라고 해도 늙었다는 생각이 없었는데 이제 일흔이라는 나이가 나를 아주 늙은이로 만드는 것 같아서 할 수만 있다면 이 자리에 머물고 싶다.

이렇게 우울한 마음인데 딸네가 구정 연휴의 여행을 제의했다. 딸은 항상 고맙다. 한데 이렇게 즐거워야 할 마음도 조금씩 시들해진다.

더구나 요즘은 허리도 많이 아프다. 이번 달에는 ITQ 시험 준비가 겹쳐서 허리 치료도 제대로 못 받고 있는 실정이다 보니 설 연휴 떠나기로 했던 휴가를 기권하고 싶을 만큼 나른하다. 하지만 귀한 시간을 준비한 사위의 마음을 생각하며 새 힘을 낸다.

 출발 직후 가스 충전소에서 잠에 빠진 나는 목적지인 홍천에 도착한 뒤에야 잠이 깼다. 조금 기다려 찾아든 방은 넓은 유리창을 통해 비발디 스키장이 눈앞에 펼쳐져 보이는 흡족한 곳이다. 인공눈으로 된 스키코스가 산허리를 따라 시원하게 흐르고 있는 것을 보면서 현대적 감각의 기술을 감탄한다. 인공의 설원은 멋진 경관으로 젊은이들 마음을 끌어당긴다.

 각 코스마다 스키어들이 눈 위를 질주하고 있는 광경이 멋있지만 조마조마해 보이는 것 또한 내가 나이 들었음인가 싶어 피식 혼자 웃어본다. 많은 인파가 이 겨울이 가기 전에 멋진 추억을 만들고 싶은 것이겠지, 사위와 손자 상우는 푸드 파크 건물 시계탑에 온도를 확인하고 각 코스에 인원을 파악하며, 시간을 측정하고 있다. 상우는 벌써 어른보다 판단력이 빠르고 모든 일에 앞서간다. 나는 같은 광경을 보면서 리조트의 손익을 계산하고 있었다. 회원 비회원 평균 얼마에 몇 명 와~! 중간의 타임 조정 시간을 고려해 볼 때 굉장한 수입이겠구나란 생각을 하다가 내심 깜짝 놀랐다. 아! 내가 확실하게 한세월 갔구나! 이 멋진 현실 앞에서 손익계산을 하고 있다니!

 몇 해 전 천년설이 덮인 알프스의 융프라우를 오를 때가 생각난다.

산악열차를 타고 어름 궁전이 있는 정상으로 향하는데 설원을 여유 있게 누비는 스키어들이 멋지게 앞을 지나간다. 눈 덮인 융프라우를 멋지게 날아다니는 그들의 모습은 세상 사람이 아니었다. 꿈을 꾸고 있는 듯 그들의 모습을 뒤따르며 몹시 부럽던 기억이 되살아난다.

 한동안 창밖을 보고 있다가 나도 생기를 찾고 젊은이들과 함께 시간을 즐겨보리라 생각하고 따라나섰다. 애들은 나를 위해 먼저 볼링장을 찾았다. 그러나 벌써 대기자가 너무 많이 밀려있다. 순서를 잡아놓은 후 인공눈을 밟으며 한 바퀴 돌아보고 커피 향이 가득한 찻집에서 젊은이들과 어울려 본다. 다시 볼링장을 찾았으나 허리가 아파서 제대로 즐길 수가 없다. 젊음이 내게서 떠난다는 아쉬움에 더 힘이 빠지고 먹먹해진다. 할 수 없이 애들보다 먼저 숙소에 올라왔다.

 밤새 아이들이 드나드는 바람에 잠을 설치며 날이 밝았다. 일흔이 한 발짝 더 가까워진 날 아침 창밖에는 함박눈이 기다린다. 산등성이를 덮은 눈 위로 아침 해가 눈부신데 이 찬란함 속에서도 또 나른하니 서글프다.

 아침 요기 후 젊은이들은 스키를 타러 나갔고. 나는 방에 앉아 가족의 모습을 찾아 응원하기로 했다. 초심자 코스를 빼고는 코스마다 터질 듯 많은 사람이 젊음을 펼친다. 상우를 따라 사위도 중급코스를 선택한다고 했는데⋯. 저 많은 인파 속에서 가족을 찾기가 쉽지 않지만 손자의 모습이 보이는 것 같다. 두어 시간 흘렀을까. 눈에 띄다 사라지다 하는 딸과 가족들을 애써 살피면서 긴가? 아닌가? 스스로에게 열심히 질문하고 대답하면서 딸의 가족이라고 믿어지면 열심히 손을 흔들고 있자하니 나른했던 마음이 살짝 긴장되면서 딸애의 배려가 고맙다는 것을 가슴으로 느낀다.

　은빛으로 세상이 눈부신 이 아침 하얀 눈이 축복하는 가운데 나에게 찾아오는 일흔이라는 나이. 거부하고 싶지만 오고야 말 것이다. 예전부터 70을 살기는 어렵다는 의미에서 고희(古稀)라 하여 큰 잔치를 벌이며 축복해 주었다. 그럴 나이가 됐으니 맥이 없는 것은 당연한데 난 왜 이렇게 나이를 의식하며 소심해지는 것일까. 이건 아니다. 새로운 10년을 희망으로 받아들이기 위해 마음을 바꾸는 것이 맞을 것이다. 태양도 석양이 더 아름답지 않은가.

　빨갛게 불타는 노을이 더 아름답다. 새 힘을 내자. 누가 나이는 숫자일 뿐이라고 하지 않던가? 숫자를 잊고 붉고 아름다운 노을을 피워 보도록 하자. 지금 내가 나른한 것은 나이 때문이 아니고 느슨해진 정신력 때문이야! 이 얼마나 행복한 시간인가. 우선 피로를 덜어내도록 쉬면서 건강을 찾자. 이렇게 행복한 시간을 만들어준 딸네 가족이 있는데 더 건강하고 행복한 모습으로 70대를 꾸려나가련다.

제4부

창밖에 손님

가장 소중한 것

 용인 낯선 곳으로 와서 수소문 끝에 수원에 있는 아카데미에서 글쓰기 수강을 시작했다. 첫날의 숙제가 의미 있는 물건 가져오기다. 새삼 이것저것 되새겨 소중한 물건들을 생각해 본다. 시집올 때 어머니가 오랜 행복을 기원하며 감아 주신 실패, 맏이가 준비해준 제기(祭器) 세트, 딸이 첫 월급으로 사준 고급정장 등을 떠올려 본다.
 그러다 책상 서랍에서 쉬고 있는 디지털 카메라를 발견했다. 회색 케이스에 담긴 카메라를 막내에게서 받을 때가 생각났다. 내가 늦은 공부를 하겠다고 방송통신대학에 입학했을 때 동 대학 평생교육원에서 다문화 가정을 위한 한국어 교수과정을 수강했다. 한데 강의를 듣다 보니 이를 활용하려면(파워포인트) 실기가 필요했다. 다시 동네에 아카데미에서 필요한 과목 수강을 추가 하고 보니 슬라이드 작성을 위해서 디지털 카메라가 또 필요했다. 기존에 집에는 두 대의 캐논 카메라가 있었지만 그것들은 합당치 않았다.
 얼마 후 애들이 다니러 왔을 때 무심결에 이런 일들을 이야기했다.

그리고 애들이 돌아가고 난 2-3일 뒤엔가? 택배가 도착했고 이를 풀어보니 카메라였다. 유럽 여행 중에도 빌려 가지고 갔던 그 디지털 카메라인데 엄마에게 필요하다니까 금세 사서 보낸 것이다. 대학 입학 선물이라고 했다. 난 막내의 따뜻한 마음이 고마워서 울컥했다.

이 애의 초등학교 시절이 생각났다. 원래 인정이 많고 살가운 막내에게 엄마는 늙으면 성훈이랑 같이 살고 싶다고 했다. 곧 좋다고 대답할 줄 알았는데 의외로 아이는 한동안 심각하게 생각하더니 그건 좀 곤란한데요~ 하는 것이 아닌가! 아이가 말하는 이유가 더 놀라왔다. 첫째는 형이 있으니 형의 마음을 존중해야 하고 둘째는 자기도 여자를 만나서 살 것이니 여자의 의견도 지금은 알 수가 없다는 것이었다. 이게 초등학교 3, 4학년의 생각이었다. 놀라운 마음을 박장대소로 표현했던 이런 막내가 사준 카메라다.

디지털 카메라는 무척 편리했다. 지금까지 사용하던 캐논 제품은 필름을 수동으로 갈아 끼워야 한다. 한데 이 녀석은 신경을 쓰지 않아도 알아서 해주니 정말 편리했다. 꼭 우리 아들딸들이 자라날 때처럼 자기 일을 알아서 한다고 생각하니 고맙고 감사했다. 그때부터 난 이 카메라에 많은 나를 담았다. 고적 답사, 문학기행, 졸업사진 등등 만학에 만난 학우들과의 애틋하고 소중한 생활들이 이 카메라 안에 담겼다.

그리고 언젠가 사진 작업을 하고 있는데 손님이 왔다. 다녀간 뒤에는 내친 김에 청소를 했다. 청소를 끝낸 후 하던 일을 계속하려고 카메라를 찾으니 없다. 건망증을 탓하며 습관적으로 둘 만한 곳을 몇 번 되풀이 찾아봐도 없다. 울고 싶었다. 카메라 자체보다 그 안에 담긴 흔적들이 정말 아쉬웠다. 신경이 극도로 혼란해지면서 난 소리 내어 울고 말았다. 아무도 없는 집에서 눈물도 없는 통곡이 나온다는 것을 난 그때 경험했다.

 그리고 저녁이 되어 돌아온 남편이 내 초췌해진 얼굴을 알아볼 정도였으니 그때 내 상심을 생각하면 지금도 가슴이 조인다. 카메라에 담긴 나의 흔적들도 아쉬웠지만 아들의 사랑이 사라진 것 같아서 초죽음이었다. 잠시 후 남편은 서재의 간이 옷걸이 뒤에서 카메라를 찾았다. 그때의 기쁨이란 돌아가신 부모님의 부활하신 것 같았다.

 그 뒤 농장에서 작물이 자라는 변화를 촬영하고 있던 중 카메라 렌즈가 중간에서 움직이지를 않는다. 툭 돌출된 것을 그냥 케이스에 넣을 수도 없고 시내를 가기는 멀고 해서 손가락을 살짝 대보니 쏙! 들어갔다. 그런데 이 후 렌즈가 움직이지를 않는다. 스위치를 누르면 자동으로 밀고 나와서 작업을 할 수 있었는데 나 같은 기계치가 예민한 디지털 제품에 손을 댄 것이 실수였다. 옴짝도 하지 않으니 완전히 시체가 된 기분이다. 할 수 없이 서비스 센터를 찾아갔다.

 인위적으로 렌즈를 밀어 넣는 바람에 가장 중요한 눈이 실명을 했단다. 저런! 수리하려면 10만 원 넘게 든다고, 요즘 가격이 떨어져서 새로운 제품을 구입해도 10만 원 대에서 고를 수 있다고 새로운 구입을 종용했다. 그러나 난 그럴 수 없었다. 나의 사소한 역사는 칩을 사용하면 재생할 수 있겠지만 살갑게 엄마의 마음을 살펴준 막내의 마음을 새 카메라에 옮길 수는 없지 않은가. 아들의 따스한 마음을 느낄 수 있는 이것을 고쳐서 소유하고 있는 것이다.

  했는데 지금은 세상이 너무 빨리 변하고 있다. 너나없이 핸드폰을 가지고 있다. 손에 들고 다니는 전화기를 겸한 사진기다. 하니 특별한 전문가가 아니면 카메라를 따로 준비할 필요가 없다. 시대가 변화하다 보니 아들의 살가운 정은 책상 서랍에서 쉬고 있다. 어쩌면 앞으로 사용가치가 없어질 수도 있다.

  하지만 나는 그 사용가치를 떠나서 구식이 되었다 해도 다정다감한 아들의 마음이 담겨있는 이 카메라가 제일 소중하고 말할 수 있다.

인 연

 가을이 익어 마지막 수확을 하고 있는데 귀에 익은 소리가 들린다. 고개를 돌려보니 고추 지지대 위에 새들이 조르라니 앉아있다.
 몇 년 전 중복을 지난 폭염 속에 참깨 수확을 하고 있었다. 더위를 이기며 참깨를 베던 남편이 목소리를 낮추고 손짓으로 나를 부른다. 그리고는 엉뚱하게도 참깨나무에 올라앉은 둥지를 가르쳤다. 가까이 가니 연약한 참깨나무 가지 위에 작은 새 둥지가 있고 거기에 갓 부화한 듯 발가벗은 새끼가 몇 마리 태양 아래 노출되어 있었다. "어마! 이걸 어떻게 해야 하나" 우리는 당황했다. 우선 이대로 두면 햇볕에 데어서 큰일 날 것이다. 우선 살려야 한다. 그러나 태양이 끓는 벌판에 참깨 외에는 들깨 밖에 없다.
 어렸을 적 엄마를 따라 밭에를 갔다. 그늘에 앉아 엄마가 일 끝내기를 기다리고 있는데 조만치에 새 한 마리가 들락거렸다. 호기심에 가까이 가보니 조그만 둥지 안에 동그란 예쁜 알이 있었다. 신기해서 새알을 꺼내자 엄마께서 "엄마 새가 슬퍼하니 도로 제자리에 놔 두자"고 해서 그대로 두고 왔었다. 그리고 다음 날 다시 찾아가 보니 새 집이 깨끗이 비어 있었다. 사람이 손을 대면 어미 새가 모두 옮겨간 다고 오빠가 말했지만 정말 아쉬웠다.

그때의 경험이 기억 속에 살아나기도 했지만 어릴 적 시골에서 자란 남편은 절대로 만지지 말라고 손사래를 친다. 그리고 곁에 있는 들깨 줄기를 당기고 막대를 묶어 그늘을 만들어 주었다. 문제는 이것만이 아니고 뱀에게 노출되면 어쩌나 걱정이다. 해서 멀찌감치 둘레를 만들어줬다.

이틀 후 새들의 안부를 보기 위해 다시 찾아간 남편의 목소리가 떨렸다. "에이~ 죽었네~" 놀라서 단숨에 가보니 온몸이 발갛게 고물대던 아기 새들이 검은 회색으로 죽은 듯이 보였다. 이런! 이런! 너무 안타까워서 발만 굴렀다. 얘들이 기어이 불행을 당했구나. 너무 뜨거웠나 보다. 허탈해져서 묶어놓은 들깨 줄기를 해체하려 건드리자 얘들이 동시에 예쁜 입을 쪽쪽거리며 난리다.

자기들의 엄마가 아님을 안 아기 새들은 곧 다시 머리를 숙이고 죽은 듯 조용하다. 방금 전 환호는 흔적도 없이 적막이다. 아마도 엄마로부터 낯선 대상이 오면 조용히 있어야 한다는 가르침을 받았는가 보다.

자리를 뜨자 엄마 새가 날아왔다. 참새보다도 작지만 꼬리가 좀 긴 것이 날렵해 보였다. 날개는 적갈색이요 배는 황갈색으로 예쁘고 앙증스럽다. 날개 끝에는 하양, 빨강, 검정, 삼색의 평범하지 않은 고운 모습을 가진 새다.

 아기 새들은 회색 솜털이 포슬포슬 변하더니 어느 날 새둥지가 텅 비어있었다 빈 둥지를 보니 마음이 너무 허전했다. 알게 모르게 정이 들었는가보다. 새근새근 숨 쉬는 아기 새가 눈앞에 선하다. 성장해서 날아간 것이면 다행이지만 안타깝게도 불행을 당했으면 어쩌나 노심초사일 뿐 어쩔 도리가 없다.

 눈코 뜰 새 없이 바쁜 얼마를 지나고 9월에 접어든 어느 날 우연히 오이 지지대에서 예쁜 새 한 쌍이 마주 보며 지저귀고 있었다. 쪽쪽! 쪽쪽! 외마디의 맑은 소리다. 나는 한눈에 그들을 알아봤다. 반가워서 두 손을 흔들었더니 내 마음을 모르는 새들이 잽싸게 날아간다. 서운하다. 새끼들은 어찌 됐을까? 짧은 인연이었지만 나는 정이 들었는데 애들은 아닌가 보다. 인연에 대한 애틋한 정이 사람에게만 있는 것일까? 얼마 후 드디어 아기 새들도 함께 나와서 어울리고 있는 것이 눈에 띄었다. 아! 우리가 여린 생명을 살렸구나! 차츰 그들의 목소리에 감사의 정이 묻어 있었다.

 인연이란 이렇게 이외의 장소에서도 만나게 되고 인상에 남는다. 산자락 아래에 있는 나의 밭에는 때때로 산새들의 노래가 심심찮게 들려온다. 산 식구들의 아름다운 어울림이 들려오면 난 문득문득 고향의 뒷동산을 생각했다.

 한데 요즘은 산 식구들의 소리보다 더 먼저 들리는 목소리가 있다. 쪽쪽! 외마디이지만 맑은 소리다. 어릴 적 기억에는 없는 소리다. 나의 밭에서 알을 낳고 부화해나가지 않았다면 아마도 영 들리지 않을 수도 있었던 작은 인연의 소리, 한데 난 아직 그 작은 새들이 텃새인지 철새인지도 모른다. 멀리 나는 것을 보지 못했으니 텃새일 수도 있지만 겨울에는 본 적이 없으니 철새일 수도 있다. 또한 이름도 모른다. 그 녀석 이름이 궁금해서 예서제서 찾아봤지만 알 수가 없다. 사진을 찍어 알아보려 해도 조심스러우면서도 날렵한 그 녀석들은 촬영할 기회를 주지 않는다. 해서 그냥 '우리새'라고 이름 지어 부르고 있다. 그 많은 새 중에 인연이 된 우리 새는 더 친숙한 목소리로 내게 다가온다.

오늘도 가을 추수를 거의 끝낸 휘~한 밭에 석양이 부드럽게 내려와 앉는데 예닐곱 마리의 '우리새'들이 찾아왔다. 꼬리를 살랑살랑 흔들며 석양의 그림자를 밟고 온 그들은 아직 뽑지 않은 고추 지지대 위에 앉아서 고운 노래를 부르고 있다. 문득 그 모습이 솟대를 닮았다고 생각했다.

저 고운 녀석들은 조르라니 하늘을 보며 무엇을 기원하는 것일까? 아마도 우리의 고운 인연을 감사하는 것은 아닐지. 어느새 나도 함께 마음을 모은다. 오래오래 '우리새'들이 건강하게 살아갈 수 있도록 이 밭에 천적이 없는 평화가 깃들기를 간절히 기원하고 있었다.

<에세이21> 2019년

앵두는 익는다

 한동안 침묵의 시간이 흘렀다. 농장을 하면서 힘겨웠던 날들이 쌓여 건강이 휘청거렸고 동반해서 사색의 공간도 회색으로 씌워지는 것 같았다. 깜짝 놀랐다. 무언가 돌파구가 필요한 나는 이곳저곳 수소문한 끝에 내가 살고 있는 기흥구 노인복지관에 아카데미(사회교육원)가 있다는 소식을 들었다.
 멀지 않은 거리에 있는 기흥아카데미를 어렵지 않게 찾아갔다. 안내문을 뒤적이고 살피며 생각했다. 그중에서 수필 반은 건강이 나빠지기 전까지는 계속했던 과목이다. 이미 등단한 터이지만 어쩌다가 유배된 듯 너무 멀리 떠나와 살게 되면서 월례 모임에 참석할 수가 없게 되어 못내 아쉬웠던 터이다. 공부는 끝이 없다. 수필도 매 한가지다. 게을러진 감성을 다시 한 번 깨우고 활동하고 싶어서 수필 반에 신청했다.
 같은 마음을 가진 사람들이 함께할 시간을 기대하며 첫 시간에 출석했다. 한데 너무 인원이 적은데 실망했으나 코로나의 여파라는 것을 알았다. 시간이 되어 자기 소개를 나누면서 모두들 글을 쓰고 싶은 소망의 씨앗들을 가슴에 품고 있는 것을 발견할 수 있었다. 수업 중에 선생님이 장석남 시인의 '옛 노트에서'란 시를 낭송했다. 무언가 삶을 살아온 사람이 쓸 수 있는 시였다. [긴 시간을 견디어 여기까지 내려와 지금은 앵두가 익을 무렵] 어쩌면 오늘 나에게 주는 메시지였다.

점심시간, 오후에 하모니카 수강이 있으니 점심을 먹어야 한다. 고민이다. 10여 년 전이 생각났다. 그때 마포에 살고 있을 때 다문화가정 아이들에게 한국문화를 익히고 한글을 가르치는 '러빙월드'에 봉사하고 있었다. 일주일에 한 번은 노인복지관에서 월례회가 있는데 회의를 끝내고 내려오는 길이면 점심시간, 많은 노인분들이 줄을 서서 점심 식사를 기다린다. 무어라고 단정 지을 수는 없지만 왠지 나와는 아주 거리가 먼 일들 같았다. 무언가 느슨해 보이는 인파에 섞여 식사를 기다리는 사람들, 삶의 모든 의욕을 저버리고 무료급식소에서 차례를 기다리는 것이 연상 되어서 몇 년 동안 한 번도 그곳에서 점심을 먹지 못했다.

오늘은 어쩐다? 주위에 적당한 식당도 없고 그렇다고 점심을 건너뛰고 지낼 수도 없다. 지금 난 용기가 필요하다. 함께할 동료가 없을까? 공개를 했더니 다행히 회원 중 함께 식사할 사람을 찾았다. 그 자매에게 의지해서 식당 앞에 늘어선 줄을 쭈뼛쭈뼛 따라가며 분위기를 살펴본다. 이방인 같은 소외감을 느낀다. 누가 주는 소외감이 아니다. 스스로 어설프기 그지없으나 빈자리를 찾아 함께 온 자매와 마주 앉았다. 분위기에 젖어야 하는데, 주즙은 마음으로 주위를 살핀다.

젊은이들도 심심찮다. 예전에 나를 생각해본다. 저 사람들은 처음부터 가벼운 마음으로 이곳에 왔을까? 내 또래의 많은 노장들의 모습에서 평화를 만났다. 지금 저들이 보는 내 모습도 어떨까? 나는 조금씩 이방인 같은 소외를 떨쳐내고 있었다. 저 한 사람 한 사람 마음의 변화는 다르겠지 난 늘 새로운 것에 적응이 힘들었다.

조금 전에 읽은 장석남의 시 "옛 노트에서"가 생각난다. 그래 만물은 익어가는 것 맞아! 모든 열매가 아직 철모를 때는 떫고, 시고, 쓰다. 그러나 수없이 많은 날 뜨거운 되약볕을 쐬고 거친 비바람을 맞으면서 익어간다. 작고 볼품없던 앵두는 세파에 적응하며 예쁘게 달콤하게 익어간다. 누구라도 사랑할 수밖에 없는 빨간 열매가 되어 많은 눈길을 사로잡는다.

지금 이곳에 식판을 들고 줄은 서 있는 분들은 남은 삶의 시간들을 그럭저럭 때워나가는 사람들이 아니다. 남아있는 삶의 조각들을 소중히 채워나가려는 자긍심이 있는 사람들이다. 비록 깊게 파인 주름살만큼 머리카락은 벗어지고, 삶의 경쟁에서 벗어나 육신은 힘없이 사위었지만 자신의 시간들을 값지게 채워나가려는 인생의 박물관 들이다. 누가 말했던가? 노인이 한 명 죽으면 박물관이 하나 없어지는 것이라고···. 한데 사회는 그 박물관을 소외 했었다. 하지만 차츰 사회의 눈이 뜨이면서 노인에 대한 인식이 변하고 있는 것은 대단한 혁

신이다.

　줄을 서 있는 노인들 한분 한분에서 긍지가 풍긴다. 아~! 나는 차츰 어리석은 아집과 함께 성가시고 쭈뼛쭈뼛한 이방인의 허물을 벗고 있었다. 내 안에 잠자던 자존감이 기지개를 켠다. 아마도 어설픈 앵두가 익어가나 보다.

<용인소식>

상사화

 가끔 지나는 길옆에 '행복한가정상담소'라는 간판이 붙은 건물이 있다. 작은 동산을 등지고 기존 도로보다 좀 언덕 위에 있는 이 건물 앞 경사에는 잔디가 실하게 가꾸어져 있다. 여기에 여름이면 나리꽃을 닮은 화사하고 예쁜 꽃이 활짝 피어난다. 꽃대 한줄기에 4, 5개씩의 분홍색이 화려한 꽃이다.
 잘 자란 한여름의 녹색 잔디가 곱고 예쁜 꽃들을 받쳐주고 있어 한층 잘 어울려 있는 이곳을 지나노라면 다시 한 번 더 눈길이 머무른다. 그만큼 화려하고 예쁘지만 무언가 빠져있는 듯 허전함이 보이기 때문이다.
 초봄 다붓다붓 파란 새싹이 흰 눈을 밀어내며 세상에 나왔는데 5월의 신록이 절정으로 무르익으면서 난초의 잎을 닮은 이파리는 시름시름 아파하기 시작했다. 그리고 온 누리를 짙푸른 초록으로 축복하는 한여름 녹음이 무르익을 때쯤 너의 싱싱하던 잎은 간데없이 사위어졌다. 이렇게 아쉬움을 남기고 사라진 그 모습을 잊었는가? 했는데 다시 그 자리에 뾰족한 꽃대가 올라오고 있었다. 꽃도 피어보지 못하고 그 자취가 사라진 뒤 한여름 삼복의 끝 무렵 기적같이 돋아 피어나는 그 꽃이 '상사화'라는 것을 알게 된 것은 얼마 전 지인과 이 길을 지날 때였다. 그 이름을 알고 보니 그 꽃이 다시 보였다. 꽃말을 찾아보았다. '이루어질 수 없는 사랑' '애절한 사랑' 참으로 아린 부제를 갖고 있는 꽃이다. 아~ 어쩌다 이 아름다운 꽃이…, 다시 한 번 돌아본다.

우리 구전문학의 전설 속에는 애절한 사연을 가진 이야기가 여럿 있다. 어느 바닷가 바위섬에는 고기 잡으러 나간 남편을 기다리다 지친 아내가 상사병을 얻어. 해변에 망부석(望夫石)이 되었고, 시집온 지 얼마지 않은 새색시가 전쟁에 끌려간 지아비를 그리워하다가 상사병을 얻어 마을 뒷동산에 망부석이 된 사연도 있다.

상사화의 사연도 궁금해서 찾아보았다. 어느 스님이 세속에 처녀를 사모하여 가슴만 태우다가 입적하였는데 그 자리에 꽃이 피어났다. 그러니까 인간의 본능과 불가의 법도 사이에서 괴로움을 견디어 내며 구도를 한 스님의 영혼이 이 꽃에 스며있기에 이러하듯 고우면서도 애처로운 모습인가보다.

잎과 꽃이 서로 만날 수 없다는 슬픈 운명을 가지고 태어난 상사화(相思花)는 이렇게 아픈 사랑을 가슴에 간직하고 태어났지만. 꽃은 참 밝고 예쁘다. 분홍색 꽃봉오리마다 가슴에 보라색 아픔을 간직하고 있어서 더 아름답고 애처로운 모습이다.

한데 망부석과 상사화 사이에는 대비되는 점이 있었다. 혼인을 하여 정을 나누며 살다가 먼 길 떠난 지아비를 기다리던 그리움은 망부석이 되어 그 정절이 변함없는 기다림으로 지키고 있다. 하지만 혼인도 하지 못하고 애절한 짝사랑을 하다가 죽은 영혼은 꽃으로 세상에 태어난 것이다. 꽃으로 태어나 다시 꼭 그님을 만나 인연을 맺고 싶은 게다.

하지만 안타깝게도 화엽불상견(花葉不相見)의 운명을 타고났으니 그 아름다움이 더 애처로워 보인다. 망부석(望夫石)이나 상사화(相思花)나 아무튼 세상에서 정말 절실한 사랑을 한 결과다. 가슴속 깊이 얼마나 사랑했기에 그리워하다가, 그리워하다가 죽음에 이른 것일까?

일찍 돌아가신 아버지가 그리워서 그늘 속에 지낸 유년 시절이 내가 상사병을 알았던 것이 아닌가? 접목시켜 보지만 감히 그 사랑에 비할 수가 있을까 싶다. 왜냐하면 그때 난, 아버지가 죽을 만큼 그립고, 견디기 힘들 만큼 외롭고, 세상이 사무치게 슬펐지만 아직까지 사람으로 살아있으면서 돌이나 꽃이 되어 아버지를 따르지 않았으니까 말이다.

봄이 오자마자 파랗게 세상에 나와 3, 4월 짧은 해에 벌써 두 팔을 벌려 만날 수 없는 그리움의 손을 흔드는 너, 흐드러진 초록색 잎은 영영 그리움이란 숙명을 안고 살아갈 수밖에 없는 것이냐? 그리고 한여름이 이르러 산천이 온통 신록으로 무르익는 계절 너의 푸른 잎은 상사병으로 사위어 갔구나! 애절한 사랑에 목마른 상사화야! 잎이 진 그 자리에서 얼마를 기다려야 너의 꽃봉오리를 보여줄 것이냐?

　한여름 염천도 마다않고 꽃봉오리를 이고 올라오는 네가 혹시라도 먼저 세상을 다녀간 그님의 뒷모습이라도 만나고 싶어서인 것 같아 마음이 아리다. 아! 고운 모습으로 두리번거리며 홀로 서 있는 너의 곱지만 외로운 자태가 정말 눈물겹다. 볼그레하게 상기된 얼굴로 사방을 두리번거리는 것은 너의 사랑이 혹시 벌, 나비가 되어 찾아오지 않을까? 기다리면서 찾는 것이라 믿고 싶다. 상사화야!

　너의 기구한 운명을 하늘을 보며 원망하지 않고 스스로 사방을 살피며 애타게 찾고 있으니 그 사랑은 한층 승화된 아름다움이어라! 상사화야! 혹시 벌이나 나비가 되어서 찾아온 그 사랑을 만났는지도 모르겠구나! 제발 만나서 활짝 웃어다오! 그리고 행복하여라. 지금 네가 피어있는 그곳이 '행복한가정상담소' 정원이란다. 그러니까 꼭 만나서 그렇게 활짝 행복하길 바란다.

<용인문단27>

문학 자판기

'문학 자판기!' 말만 들어도 가슴이 활짝 밝아지는 단어다. 얼마나 신나는가? 일찍이 커피자판기가 등장한 이래 여러 가지 생활용품을 자판기로 구입할 수 있어서 참 편리한 세상이다. 그런데 문학이 자판기에서 나온다니 이건 그야말로 춤을 출 일이다.

처음 내가 용인으로 거주를 옮길 때는 그 공사의 막바지이었던 경전철이 개통한 뒤에 가끔씩 이것을 이용한다. 한데 용인재래시장을 통과하게 되니 더욱 고맙다. 며칠 전 용인시장을 다녀오면서 송담대역을 이용하게 되었다. 승차를 위해 승강장에 올라가자 거기에 문학자판기가 눈에 보였다. 문학자판기라니? 상큼한 충격이다. 주로 버스정류장 혹은 전철역 가판대에 신문이나 잡지 등 인쇄물이 설치된 것은 보았으나 이렇게 자판기로 뽑아 볼 수 있다니? 마음이 설렌다. 다가서서 살펴보았다.

이 기계가 얼마를 넣어야 문학을 내어줄 것인가? 둘러보아도 금액이 쓰인 것은 없고 '긴 글' '짧은글'등의 코드만 표시되어있다. 우선 긴 글을 눌러보았다. 곧이어 자르르르 신호음가 함께 프린트가 된 한 줄의 종이가 나온다. 내가 접한 새로운 문화를 만난 것이다. 난 매료되었다. 난생 처음 자판기로 얻은 글의 제목이 '운수 좋은 날'이다 그래 맞다 오늘 나는 운수 좋은 날이다. 문학자판기를 만났으니 이보다 더 운수 좋은 날이 있을까? 설렌다. 어떤 좋은 일이 기다릴까? 아니, 난 그냥 '문학자판기'를 만난 것만으로 '운수 좋은 날'이다. 곧 도착한 전철에 올라 자리에 앉자마자 나는 조금 전 자판기가 내어준 운수 좋은 날을 읽어 내려가고 있다. 아~! 그런데 거기에는 활짝 운수 좋은 오늘이 아니었다.

1세기 전 식민지 시절 우리 민중이 겪어 왔던 열악하고 비참한 삶이 표현된 현진건 소설의 마지막 장면이었다. 주인공인 인력거꾼 김첨지에게 주어진 특별히 운수 좋았던 하루, 기분이 들뜬 김첨지는 며칠 전부터 끙끙 앓으면서 설렁탕 국물을 먹고 싶어 하던 아내를 생각한다. 기분 좋게 설렁탕을 사 들고 들어온 김첨지, 그러나 아슬아슬한 행운이 기다리는 것은 숨진 아내와 그의 빈 젖무덤을 빨고 있는 갓난아이였다. 통곡을 터트리는 김첨지, 이렇게 '운수 좋은 날'은 역설적 결과로 당시의 생활상을 고발하고 있다.

이 비참함 앞에 나는 잊고 있던 식민지 시절 뼈저린 삶을 견디어낸 우리 선조들의 삶을 생각한다. 이해하기 어려우나 인정해야 하는 질곡(桎梏)의 삶이 곧 우리의 과거다. 요즘 우리의 생활은 어떤가? 수많은 발전을 통해 화려하게 펼쳐진, 모든 것이 넘치는 풍족한 사회에서 우리는 과거를 잊은 사람이 많은 것이 현실이다. 문학은 이렇게 1세기 전 질곡의 삶을 살아온 우리 선조들의 처절한 삶을 현재에 대비시켜 준다.

내게는 문학이 무엇인가? 생각해본다. 겨울을 지나고 흰 눈이 녹은 검은 대지에 따스한 봄볕이 내리쬐면 땅속에 잠자던 생명이 약동하며 새싹을 키운다. 이렇듯이 문학은 무디어진 나의 마음에 어떤 생명을 약동하게 하는 봄볕이다. 그런 문학을 자판기에서 빼낼 수 있다는 것은 진실로 상큼한 기쁨이다.

다 읽고 난 나는 고개를 들고 전철 내부를 살핀다. 많은 젊은이들이 거의 같은 동작으로 스마트폰을 들여다본다. 젊은이들은 저 안에서 많은 것을 취할 수 있다. 때문인지 모두가 풍요에 젖은 개인주의에 표정들이다.

그 뒤로 나는 전철을 이용할 때면 문학자판기의 단골이 되었다. 문학의 조각들을 만날 때마다 갖가지 명언과 콩트로 내 삶은 푸르러지는 느낌이다. 요즘은 자판기를 이용하는 시민이 늘어나서 줄을 서기도 한다. 오늘도 환승을 위해 경전철 기흥역에서 두 사람을 기다려 뽑은 자판 문학의 제목이 "다른 사람도 내가 보이는 만큼 보였으면"이다. 좀 긴 제목을 읽어보니 아프리카 난민구호활동을 하는 어느 연예인의 호소다. 본인의 눈에 너무 가엾게 보여서 도와주지 않을 수 없는 마음을 독자들도 함께 느끼고 구호활동에 동참하자는 호소다.

불과 몇 달 사이에 나는 우리 민족의 1세기를 넘나들었다. 아이를 낳고 얼마나 먹고 싶었을 설렁탕 국물도 먹지 못하고 죽어간 김첨지의 아내와 숨진 어미의 빈 젖을 빨고 있는 갓난아기의 아픔을 문학자판기에서 대하고 아린 아픔을 겪었다.

그리고 지금은 우리가 장대한 발전 국가가 되어 가난한 이웃 나라를 도와주고 있는 것이다. 이 뿌듯한 현실 역시 문학자판기를 통해 만나고 있으니 가히 '문학자판기'의 힘을 생각해 본다. 그리고 설레는 가슴으로 창밖을 본다.

사르르~ 경전철이 미끄러진다. 그리고 달리는 차창 밖에는 밝고 따스한 봄볕이 온누리에 흠뻑 쏟아진다.

<용인소식>

소나기

 올해는 일찍 장마가 시작됐다. 처음에는 더위를 식혀주는 비가 반가웠으나 며칠을 계속 내리다 보니 좀 그만 왔으면 싶다. 허지만 비는 내리다 쉬기를 반복한다. 리듬을 타면서 …
 느긋한 마음으로 쏟아지는 빗소리를 귓전에 흘리며 책을 읽고 있는데, 갑자기 온 누리에 어둠이 갈아 앉더니 소나기가 창문에 난타를 친다. TV를 켜니 계곡이 범람하여 흙탕물이 장관을 이루고 있었다. 계곡을 삼킨 물은 파죽지세로 주변을 할퀴고 한 마을을 강타하며 공사 현장을 쓸고 지나갔다. 광란의 질주를 하는 물살은 화면을 채우고, 피해 상황을 알려주는 아나운서는 앵무새와 같이 똑같은 말을 되풀이한다.
 잠시 쉬던 소나기가 또다시 회오리바람을 몰고 와 창문을 마구 흔들어 댔다. 문득 옥상 하수구가 생각나서 올라가 보니 떨어진 나뭇잎들이 하수구를 막아서 물이 흥건하게 고이고 있다. 막힌 나뭇잎을 걷어내자 고여 있던 물이 시원한 소리를 내면서 빠져나간다. 그때 하늘에서 크르릉~ 우렛소리가 천지를 뒤흔들었다. 세상을 심판할 듯 엄청난 괴력의 소리다.

어린 시절 엄마의 품으로 뛰어들지 않을 수 없게 했던 공포의 소리! 엄마는 나와 동생을 양팔에 팔 베게 하고 겁먹은 우리 자매에게 말해 주셨다 저 소리는 하느님이 거짓말하는 나쁜 사람에게 호령하는 것이니까 착한 너희들은 무서워하지 않아도 된다. 고 하지만 난 여전히 무서워서 엄마 가슴을 꼭 끌어안고서 거짓말을 했던 것이 없나 생각하면서 잠이 들었다.

번개와 천둥소리는 계속되고 멀리 빌딩숲 사이로 비를 머금은 구름이 가득 찬 것을 보며 아래층으로 내려와 리모컨을 켰다. TV화면에서는 산사태로 숨진 아까운 생명들의 이름을 열거하고 있었다. 소양강으로 봉사활동을 갔던 학생봉사활동단원들이 모두 희생됐다고, 화면의 물길은 노도(怒濤)가 되어 차로를 삼키고 있었다.

뿌리를 하늘로 하고 즐비하게 누운 나무들, 차로까지 범람한 물속에 꼴깍 잠겨있는 자동차들…. 인류가 이룩한 과학의 발달이 아무리 대단해도 자연의 위력 앞에는 속수무책일 수밖에 없음을 보여주는 현장, 인류는 자신들의 편리함을 추구하며 발전이란 이름으로 자연을 파헤치고 자연은 보란 듯이 인간에게 그 힘을 과시하고 있다.

충격이 다하지도 못했는데 이번에는 우면산의 산사태로 많은 인명이 희생됐다는 뉴스다. 산기슭 맑은 공기 속에서 행복하게 살던 여러 가구가 불시에 피해를 당한 황당한 사건이었다. 지난해 산 중턱에 새로운 길을 만들면서 파헤친 흙더미가 계곡을 막고 있어서 거대한 웅덩이가 생겼다. 여기에 계속되는 장마로 빗물이 고이고 그 물이 그만 막힌 흙더미를 밀쳐버린 것이다. 웅덩이는 일시에 물 폭탄을 터트리며 평화로운 한 마을의 새벽을 덮쳤다.

이번엔 강원도 삼척의 어느 하천이다. 지난해에 났던 수해가 아직도 복구가 안돼 2차 피해가 나면서 마을 하나가 사라졌다고 했다. 이렇게 복구가 늑장을 부려서 다시 피해를 초래하는 곳도 적지 않다고 하는 말을 들으며 그저 안타까울 뿐이다. 해마다 수해가 지나가면 수재민을 도우려는 국민들의 의연금모금이 시작된다. 불의에 재난을 당한 이웃을 생각하면 지극히 당연한 일이다. 여기에 고사리손 같은 아이들도 마음을 함께 했는데 그 성금들이 제대로 사용되었는가를 의심하게 되는 사건이다.

우리 사회의 맑은 흐름을 막고 있는 흙더미는 얼마나 될까? 법과질서를 관장하는 상위기관에서 금전이 오가며 불법을 조장하는 공직자들이 이따금 지면을 오염시킨다. 그들이 곧 흙더미가 아닐까 싶다. 또한 공권력에 아부하면서 자신의 이익만을 쫒는 양심을 잃어버린 가여운 사람들이 이따금 화면에 떠오른다. 그들은 순조롭게 물이 흘러내릴 하수구를 막고 있는 낙엽이 아닌가? 생각해 본다.

심심찮게 사회면을 들썩이는 위정자들의 마음에는 하늘이 천지를 호령하는 우렛소리가 들리지 않는가 보다. 우리들 오염된 마음에 소나기가 한바탕씩 쏟아진다면 사회가 좀 변화하지 않을까 싶다.

가랑비 오는 날 걷어 올린 종아리에 튀는 상큼한 빗방울이 기분 좋아서 새로 입은 바지가 흙탕물에 더럽혀지는 것도 몰랐었다. 이렇게 달콤함에 젖어 자신도 모르는 사이에 오염되는 것이 약한 인간의 마음이라 한다. 해서 맑은 날과 흐린 날이 교차하는 세상이라지만 정말 너무 어처구니없는 사건들이 벌어지고 있다. 이제 오랜 날이 지나면 우리는 또 오늘의 불행을 잊을 것이다.

무섭게 퍼붓던 소낙비가 뜸해지며 남서쪽 하늘이 걷혀온다. 소나기가 지나간 하늘이 푸르다. 대기를 덮고 있던 오염된 공기를 깨끗이 씻어 내린 것이다. 코발트빛 하늘에 솜사탕처럼 포근한 뭉게구름이 가슴을 환하게 해준다. 우리 사회도 이렇게 환하게 될 날이 올 것이라고 믿어본다.

<에세이21> 2023년

카프리섬

 코로나19의 장벽으로 거의 2년을 자유로운 외출을 못하고 지내다 보니 건강이 휘청인다. 가슴이 답답하다. 좀 산뜻한 소식이 그리워 TV의 스위치를 눌러본다. 코로나란 놈의 소식은 아침과 별다름 없는 앵무새다. 마음이 참담하다. 설상가상 창문은 지독한 미세 먼지로 덥혔다. 소파에 기대앉아 수년 전 다녀온 지중해에 해맑은 바위섬을 떠올려 본다.
 그해 서유럽 여행기회가 있었다. 중세문명의 산지 유럽은 가는 곳마다. 웅장하고 화려한 문화유산으로 뭉클한 감동이었다. 여러 지면을 통해 친숙해 있는 중세문명의 실체를 보며 감동으로 벅찬 우리에게 가이드는 계획에 없던 카프리 섬의 방문을 제안했다. 나는 탐탁지는 않았으나 그래도 온 김에 보고 가자는 일행을 따라 빠듯한 시간 중 한나절을 이곳에 할애하기로 했다.
 카프리섬이 소속된 지자체 소렌토로 가는 기찻길 양옆으로는 오렌지 과수원이 줄지어 있었고 이어지는 오렌지밭 나무 아래에는 노란 열매가 수두룩이 떨어져 있었다. 우리나라는 아직 귀하던 오렌지를 이곳에서는 너무 풍성해서 그냥 버리는 것인지? 아님 노동력 부족으로 사람의 손길을 기다리는 것인가? 모르지만 무척 인상적이었다.

 현지 가이드는 '돌아오라 소렌토'를 계속 부른다. 별로 잘하는 실력은 아니면서도 피로한 여행자들을 위하여 애쓰는 것 같아 친근한 인간미가 느껴졌다. 암튼 오렌지가 풍성하게 뒹구는 전경과 현지 가이드의 어눌한 노래를 들으며 아름답고 조용한 도시 소렌토에 도착했다. 항구에는 세계 각국의 여행객들의 상기된 모습들이 들썩이고 있었다. 이곳에서 카프리섬을 향해 출발할 때 아름다운 항구도시와의 짧은 인연이 아쉬워서 눈을 크게 뜨고 절벽 아래 자리한 항구를 눈에 담았다.

 하늘은 유난히 쾌청해서 수평선과 하늘의 경계가 모호하다. 철썩철썩 금빛 비늘을 출렁이는 지중해를 미끄러지는 여객선은 잠시 후 카프리섬 해안에 닿았다. 도착한 섬은 바위 절벽 위에 마을이 형성됐다고 한다. 섬 전체를 관망하기 위해서 정상으로 가야 하는데. 이 길은 왼쪽으로 낭떠러지 아래 바다를 두고 100m를 올라가야 한다고 가이드가 겁을 줬다. 절벽 길은 아찔하게 긴장됐고 긴장된 만큼 기대도 되었다

 산악버스가 우리를 내려준 곳, 그곳은 포토 포인트라고 했다. 눈 아래 펼쳐진 아름다운 지중해의 정경! 사방을 둘러 봐도 온통 푸르게 넘실대는 지중해에 반짝거리는 물비늘이 너무 아름답다. 각 나라에서

온 관광객들이 제가끔 기념사진들을 찍고 있는 중에 중학생쯤으로 보이는 소년들 몇 명이 사진을 함께 찍자고 한다. 졸지에 영국에서 왔다는 소년들과 함께 사진을 찍었으니 아마도 지금 영국 어느 청년들의 앨범에 동양 아줌마의 모습으로 남아있으려나…?

카프리섬은 세계명품의 고향이라는 명성답게 명품시계며 가방, 안경 등을 이곳에서 생산하고 판매한다고 한다. 거대한 바위로 이루어진 섬, 4월 초의 찬바람 속에서 상록수의 푸른 전경은 유럽 부자들의 윤택한 생활을 증거하고 있다.

태고적에 지중해에 솟아오른 용암이 만들어준 바위섬! 누군가가 불러주기 전에는 한갓 볼품없는 바위에 불과했으리라! 신은 수천 년 태양과 바람으로 씻고 다듬으며 사람의 힘을 뛰어넘는 창조물을 만들어 놓았다. 이곳이 12, 13세기경 유럽 황실의 선택을 받았다. 불림을 받은 것이다. 황제들은 사방이 탁 트인 이곳에 별장을 짓고 해와 달이 뜨고 지는 것을 보며 신의 능력을 감탄했을 것이다. 처음 황실을 시작으로 세계적 부호와 스타들의 별장이 들어섰고 영국의 불운한 신데렐라 다이에나 세자빈이 신혼여행을 왔었단다.

골짜기 건너편에는 수세기 전 황족들의 별장이 보존되어 있었다. 초록색 정원에 둘러싸인 건축물들과 하얀 산책로까지 생활공간이 보존되어 있는 것을 보며 과거와 현재를 품고 있는 그곳에 가보고 싶었다. 하지만 절벽과 골짜기가 너무 깊어서 체념했다. 멀리 지중해를 오가는 선박들이 그림같이 아름답다. 우리도 해안으로 내려가 섬을 한 바퀴 돌아보기로 했다.

　2층으로 된 관광선은 꽁무니에 하얀 물보라를 날리면서 나간다. 철석! 철석! 쪽빛 바닷물이 하얀 절벽을 때리고 물러날 때마다 남빛 바닷물 속 바위에 붙어살고 있는 새빨간 산호(?)가 숨바꼭질하는 것이 꿈속인 듯 황홀하다. 와~! 와~! 감탄과 환성은 바위를 때리는 물소리와 어우러진다. 수면에서 올려보는 바위섬은 더욱 절경이다. 해풍과 바닷물에 깎이고 깎인 절벽에는 신비한 동굴들이 많아서 그 수려함이 더했다

　그중 하트 모양의 동굴 앞에서 배는 멈추었다. 연인끼리 입맞춤을 해야 서로의 사랑이 영원하다고 가이드가 설명한다. 그럼 다이애나가 이곳에서 입맞춤을 깜빡 잊었을까? 새삼스럽게 그녀의 짧은 생(生)이 애잔하다. 우리 부부도 영원한 사랑을 기대하며 살짝 입맞춤을 하였다. 중세 대륙에 남아있는 인간의 위대한 발자취를 보며 뭉클한 감동을 받았던 나는 별로 기대하지 않은 이곳에서 신과 자연의 합작품에 감탄하고 청정한 행복을 만났다.

　그리고 코로나란 바이러스에 구속되어 살고 있는 지금 그날의 청정하고 자유로운 행복에 잠겨본다.

〈문예비전문학〉

창밖에 손님

　새벽 거실로 나오니 창밖 전경이 비단을 드리운 것 같다. 아마 안개비가 내리는가 보다. 뽀얀 안개비 속에 우리 집을 찾아온 손님들이 재롱을 떨며 기분 좋은 인사를 한다. 베란다 앞으로 다가가 애들을 살핀다. 긴 꼬리를 하늘로 향하고는 깝신깝신 재잘재잘 행복한 잔치를 버리고 있다.
　요즈음 코로나19가 보이지 않는 담을 치면서부터 이따금 함께 차를 마시며 마음을 나누던 이웃들의 발걸음이 끊기었다. 하니 늙은 부부만 사는 아파트 13층은 고즈넉하다. 이런 우리 집에 새로 찾아오는 손님이 생긴 거다. 거실 베란다 창문 밖에는 화분대가 있는데, 이곳에 가벼운 채반을 걸어놓고 건조대로 사용하고 있다. 과일 껍질 등을 말려서 종량제 봉투에 넣고 있는데 언제부터인지? 이곳에 새로운 손님이 찾아오기 시작했다.
　아마도 지난가을 정원에 나뭇잎이 쌓여갈 때쯤부터인가 보다. 따스한 햇살이 거실 깊숙이 들어와 머무르기 때문에 거실에서 많은 시간을 보내면서도 이 녀석들의 존재에 무심했다. 한데 어느 날 높은 고음의 부르짖음과 함께 군무가 펼쳐지는 현장을 보았다. 시선을 돌리니 큰소리로 노래하며 춤을 추는 새들의 몸짓이 너무 반가웠다. 그 모습은 적막한 집안에 생기를 주었다. 서로를 쪼아가며 깝신깝신 종긋종긋 재잘재잘 노니는 것이 정말 예쁘다.

따로 애완용을 키우지도 못하는데 이렇게 스스로 찾아온 것이다. 반갑다! 잘 보살펴 주어야 할 것 같다. 예전 어머니를 생각하니 집에 사촌들이 오면 계란찜을 해주시는 인정이 있었다. 관심을 가지고 보니 참새보다는 크고 비둘기 보다는 작은 새들이 심심찮게 날아와, 건조대에 과일 껍질 등을 쪼아 먹으며 놀다가는 훌쩍 날아간다. 이런 새들을 보며 문득 옛날 고향집이 떠오른다.

대문을 열어놓고 살던 그 시절 밖에 나가 놀던 예닐곱 살 조카가 땀에 흠뻑 젖은 채 조무래기 친구들과 함께 몰려와서 물을 찾는다. 작은 막대를 어깨에 메고 전쟁놀이를 하던 조카들은 바가지에 떠준 물을 돌려가며 마시고는 다시 재잘거리며 훌쩍 몰려나간다. 그럴 때면 마루에 앉아 계시던 엄마는 "에구 꼭 참새들 같구나!" 하며 흐뭇한 눈길로 손자들의 뒷모습을 바라보셨다. 지금 내 눈앞에는 그 대견했던 조카들의 모습이 아른거린다.

다시 날아온 새들은 종알종알 바쁘다. 아마도 자기들이 이곳을 발견한 것이 행운이라고 자랑하는 가보다. 애들은 집이 어디일까? 궁금하다. 그 며칠 뒤 텔레비전에서 이 새들이 '지빠귀'라는 것을 알게 됐다. 즉시 인터넷을 찾아 지빠귀는 잡식성이며 무리지어 사는 텃새라는 것을 알았다. '아는 만큼 보인다!' 고 했던가? 그들의 정체를 알고 나니 어제는 주유소 뒤 잡초가 무성한 빈터 위를 지빠귀가 떼를 지어서 날아가는 것을 보았다. 전에도 보았지만 무심히 지나쳤을 것이다. 새삼스레 내 의식에 머무는 지빠귀가 애틋하다.

　지빠귀는 날개보다 꼬리가 많이 발달해서 꼬리로 의사소통을 하는 것 같다. 딱 비둘기만큼의 높이로 날아다니는 저 지빠귀들의 존재를 알고 났더니 이렇게 높은 13층까지 올라온 것이 너무 반갑고 고맙다. 나는 무엇을 해줄까? 무거운 날개로 이곳까지 올라왔으니 껍질이 아닌 사과를 잘라서 상을 차려주어야겠다고 생각되었다. 사과를 썰어서 그릇에 담아놓았더니. 새들은 더 기분이 좋아서 아우성이다. 처음 두 녀석이 날아와서 깡충깡충 쪼아 먹더니 한 마리가 조르륵 날아간다. 하더니 다시 예닐곱 마리를 데리고 왔다. 새들은 머리를 까딱까딱 "고마워요 좋아요!" 하면서 파티를 즐기고 있다.

　난 이 창밖에 온 손님들의 사랑을 보면서 흐뭇하다. 우리 인간들의 사회에서는 이따금씩 자신의 욕심을 채우기 위해 의리를 저버리는 불상사가 생기기도 한다. 그런데 이 작은 손님들은 새로운 먹이를 보자 급히 날아가서 친구들을 데리고 오지 않는가? 이 얼마나 신통하고 뿌듯한 동료들의 사랑인가?

　고정되어 있는 사물을 보는 것보다 자신을 표현하며 축제를 버리는 지빠귀들을 보니 마음을 나눌 수 있는 것 같아서 덩달아 푸근하다.

그리고 부럽다! "얘들아! 너희는 코로나가 없으니 거리두기가 없구나! 우리 인간사회에도 곧 그런 자유가 다시 올 것이다. 맛난 음식을 보고 모두 불러들여 함께 먹고 즐기는 대가족의 모습이 참 보기에 좋다. 나도 머지않아 맛난 음식을 만들어서 이웃을 불러서 함께 먹으며 즐거운 잔치를 베풀고 싶다.

 좁은 공간에서도 상대를 존중하며 평화롭게 즐기는 새들 창밖에 날아온 지빠귀들에게서 나눔과 협동의 행복을 배우고 있다. 한겨울 안개비가 내리는 포근한 아침. 창밖에 찾아온 손님들의 행복을 발견한 아침이 더없이 감사하다.

채석강의 낙조

 딸에게서 문자가 왔다. "해가 가기 전 바다 구경을 하려면 동쪽이 좋을까 아님 서쪽이 좋을까요?" "아무 쪽이나 너희가 좋으면 나도 좋아." 이렇게 해서 22년 12월의 마지막 주간을 기다렸는데 하필이면 여행이 계획된 날 폭설예보다. 우리 네 식구는 폭설이 내리는 새벽 예약된 여행길에 올랐다.

 목적지는 서해안의 국립공원 변산반도다. 주로 영동지방에 많이 오던 폭설이 올해는 남쪽 지방에서 우리의 여행길을 기다린다. 이미 하얀 눈이 덮인 산야가 기다리는 여행길은 환상적이었다. 군산에서 점심 식사를 위해 찾아들어가는 맛 집 골목은 벌써 두텁게 쌓인 눈이 길을 막아서 차도 사람도 기어 다닌다. 산도들도 하늘도 하얗게 하나로 된 새만금을 지나면서 함박눈이 계속 퍼붓는 자연의 풍만한 아름다움에 도취되었다.

 내변산을 지나 도착한 채석강, 숙소에 도착하니 포슬포슬 가루눈으로 바뀌고 살포시 안개 서린 날씨가 꿈인 양 싶다. 짐을 대충 들여

놓고 해변으로 나가니 적지 않은 인파가 22년을 보내기 아쉬운 듯 안개 속에서 서성인다.

부안군 변산반도에 위치한 격포항 해변은 고고한 세월을 느끼게 하는 기막힌 작품이다. 해안을 둘러서 있는 돌들이 화강암과 편마암으로 형성되어있으면서 마치 수만 권의 책을 쌓아놓은 듯 불가사의한 절벽을 이루고 있다. 이 돌들은 기저층으로 수만 년 바닷물에 침식되어 퇴적한 돌들이 어느 날 폭발하여 수면 위로 올라왔다고 한다.

이곳이, '채석강'이라는 이름이 붙은 유래는 옛날 중국 당시대로 올라간다. 당나라에 이태백과 소동파가 즐겨 찾던 강 이름이 채석강이었다. 어느 날 이태백은 그 강에서 뱃놀이를 하고 있는데 강물에 뜬 달이 너무 아름다워서 이 달을 잡으려고 뛰어들었다가 그만 빠져서 죽고 말았다. 그 강과 흡사하게 닮은 이 해안을 사람들은 같은 이름으로 부르기 시작했다.

이곳 해안은 인간의 어떤 계산보다도 치밀하고 공학적으로 만들어져 있어 실로 불가사의다. 자연으로 만들어졌다 해도 신비하고 인간의 작품이라 해도 그 치밀함이 놀랍다. 아니 자연은 하느님의 작품이니 분명 하느님이 만드셨을 것이다. 그러니까 중국의 만리장성이 쌓아지기도 훨씬 이전에 이 해안은 분명 물속에 잠겨 있는 용궁이었다 용왕이 살던 용궁 터가 지구의 폭발과 퇴화작용을 거쳐 이렇게 변산반도의 한 부분으로 우리에게 과거의 신비를 보여주는 것이리라~~~.

해무(海霧)가 아스라하게 깔려 있는 바다 가운데로 나있는 방파제를 따라 발걸음을 옮긴다. 태양의 위치로 보아 지금쯤 서서히 노을이 곱게 물들어갈 시간이다. 인생의 노을을 살고 있는 나는 어느 날 붉게 타는 노을에 매료되었다. 온종일 세상 만물을 사랑으로 키우고 관리하며 임무를 마친 태양이 둥지로 돌아가는 노을은 인생 여정을 살아내고 둥지를 찾아가는 나의 인생 여정을 닮았다고 생각된 날이 있었다. 찬란하게, 화려하게 불타는 노을은 황홀했다. 난 노을을 닮고 싶었다.

방파제의 끝은 전망대다. 절벽으로 이루어진 해안의 멋스러움과 아스라이 보이는 바다 속에 섬들은 무슨 이름을 가졌을까? 수평선 위에서는 갈매기가 날고, 해무(海霧)에 덮힌 바다 저 멀리에는 조업을 끝내고 돌아오는 고깃배 뒤로 보이는 해안마을이 한 폭의 그림이다. 일렁거리는 파도는 철썩철썩 방파제를 때리며 물방울로 우리를 놀린다.

안개가 걷히고 달이 뜨면 참 아름다울 것이라 생각하며 우리는 전망대에 도착했다. 아쉽게도 전망대의 입장 시간은 늦었지만 시시각각 변하는 바다는 신비롭기 만하다 되돌아 걸으면서 안개 속의 풍경들을 카메라에 담는다. 우리가 처음 도착했을 시간에는 힘차게 철석거리던 파도가 어느새 잔잔하게 흰 물결을 만들며 저녁이 되었음을 알려준다. 이렇게 채석강이 준 선물에 취하다 보니 어느새 하나둘 전등불이 들어온다. 빨강 파랑 노랑 서로 다른 빛깔을 가진 등댓불들도 신호를 주고받기 시작한다. 등대의 불빛은 그 색이 모두 다르다는 것

을 오늘 처음 알았다. 아마도 저 색깔로 늦은 시간 귀항하는 배들이 자기가 돌아갈 목적지를 찾는가 보다

 누군가 기다림의 표정이 된 망부석, 오묘하게 어울려진 편마암 절벽, 마치 유럽의 어느 고성을 방불케 하는 채석강이다, 수만 년 그 자리를 지켰을 웅장하고 멋진 돌탑들이 신비하기 이를 데 없는 해변에는 비릿한 갯바람을 따라 철썩철썩 파도 소리가 쉬지 않는다. 게다가 간격을 맞추어 길게 신호를 주고받는 등대불이 항구의 잠을 깨우고 있다. 해무도 잠을 깨어 제집에 갔는가? 하늘에도 강물에도 하얀 달이 웃는다. 찰랑대는 강물 위에서 잘게 부서지고 있는 달그림자의 아늑한 전경을 보고 있노라니 그 옛날 이태백의 마음을 알 것만 같다.

제5부

앨범을 넘기며

목너미마을

 황순원문학촌은 현대식 3층 건물이다. 의아하다. 내가 작가의 작품에서 접한 시대적 배경은 주로 일제 강점기와 전쟁을 겪으면서 배고픈 질곡의 시대가 세부적으로 표현된 가난한 현실이었다. 때문에 작가를 기리는 문학관도 그 시대적 여운이 깃들어 있을 줄로 상상했던 터라 아이러니한 느낌을 받지 않을 수 없었다. 사방은 풋풋한 연두색 신록이다.
 빛나는 태양 아래 일렁이는 숲속의 싱그러움을 마시며 승강기 안으로 몸을 싣는다. 3층을 둘러보고 곧 이층으로 내려오니 작가의 흔적들이 기다린다. 남편 황순원이 생전에 사용하던 발자취를 그리워하며 부인이 재현해 놓은 전시실이 있었다. 그곳은 작가 황순원의 정직한 삶의 모습도 보였지만 아내가 남편의 흔적들을 얼마나 아끼고 사랑하는가 싶어 가슴이 뭉클하다.
 다음은 선생의 작품들이 가지런히 정돈되어 있는 전시실이다. 작지 않은 방에 빼곡히 들어찬 서적들, 가슴이 두근거린다. 이곳에서 김종회 촌장으로부터 작가의 문학관이 세워지게 된 내력을 들을 수 있었다. 한 시대를 대표하는 선생은 경희대학교에서 20여 년 후학을 가르치면서 많은 작품을 남겼다. 해서 그분 사후에 문학적 업적을 재현시킬 문학관을 건축하기로 합의가 됐다. 그러나 고향이 평양이었던 때문에 장소에 대한 논의가 좀 길어졌다. 후학들의 논의 결과 그의 대표작 '소나기'에서 주인공 소녀의 조부 윤초시댁의 마지막 정착지가 양평이라는 끝부분을 발췌하여 이곳으로 정했다고 했다.

설명을 들으면서 난 선생께서는 사후 미래를 예상했을까? 감탄했다. 작품에서 소녀는 숨져갔고 가족은 대가 끊겼다. 하지만 산 좋고 물 좋은 이곳 양평에서 그의 순수하고 아름다운 사랑, 소나기를 맞으며 소년과 징검다리를 건너던 윤초시댁 손녀의 사랑은 영원히 꽃 피우고 있는 것이다.

2전시실에는 작가 황순원의 작품들이 시간의 때를 입고 서서 나에게 많은 이야기를 하고 있다. 문득 어린 시절 띠동갑 오빠의 책장을 보는 것 같아서 콧등이 시큰했다. 거기에 배어있는 세월의 내음은 날 추억 속으로 인도했다. 그때 오빠의 책장에서 빼내 읽었던 단편 '목너미마을의 누렁이'가 눈에 들어온다. 목너미마을을 찾은 신둥이에게 절박한 생활이 기다렸다 굶주리는 기아(饑餓) 속에서 신둥이는 누렁이가 됐다. 그렇게나 배고프고 허기진 질곡의 생활 속에서도 새끼를 낳은 누렁이, 그 누렁이가 가엾고 고마워서 가슴 저리며 밤을 지새웠었는데…!

저만치에 원두막을 염두에 두고 걸으려니 선생의 묘역이다. 전쟁 후 조상들이 견디어낸 궁핍한 삶의 모습을, 현재의 너무나도 풍족한 삶을 살아가고 있는 우리에게 가르쳐준 작가를 재현해 놓은 앞에서 존경의 묵례를 했다. 여기서부터는 수숫단 오솔길이다. 마음이 맑은 소년과 소녀의 순수한 사랑이 싹트는 고운 모습이 거기 수숫단 아래에서 소나기를 피하고 있다. 이 길을 따라 오솔길을 걷고 싶었지만 무릎에 무리가 되어 안타깝게도 되돌아설 수밖에 없었다.

다음 목적지를 위해 일행과 함께 발길을 돌리면서 아쉬운 눈길로 바라보는 저기 멀리에 그 이름만으로도 반가운 '소나기마을'의 테마 간판이 보인다. 아~! 저기에는 예로부터 멈추지 않는 그 바람이 지금도 갈꽃을 키우고 있겠지, 산 너머에는 무엇이 있는가? 궁금해서 들판을 달려가는 소년과 소녀의 보라색 도라지꽃을 닮은 마음은 지금도 저 바람 속에 함께 흐르고 있을 것이다. 갑자기 쏟아진 소나기로 불어난 개울물을 건너는 소년 소녀의 애잔한 사랑도 아직 머물고 있겠지~~~ 소년이 가슴을 두근거리며 아픈 소녀를 업고 건너던 60여 년 전의 징검다리를, 지금 우리는 이곳에서 만나고 있는 것이다.

아! 그런데 저쪽에는 내 마음에 진한 아픔으로 남아있던 또 하나 '목너미마을'도 보인다. 전쟁이 난리를 치르고 지나간 피폐한 산골, 목너미마을에 어느 날 흘러온 떠돌이 개, 굶고 지친 신둥이는 허기진 몸을 겨우 지탱하며 어디 먹을 것이 없나? 눈치를 살핀다. 그러나 사람도 굶주리는 산골마을에서 낯선 강아지가 먹을 것이 있으랴, 온갖 핍박을 받으면서 그의 털은 누렁이가 되었다. 허기진 몸을 가까스로 지탱하며 찾아든 방앗간에서 깔끄러운 쌀겨라도 할타먹기 위해 기다리는 누렁이, 부잣집 개가 먹다 흘린 찌꺼기라도 주워 먹기 위해 배고픔을 참으며 눈치를 보고 있는 누렁이를 향한 연민에 밤잠을 설치며 마음 아프던 시절이 생각난다.…

  이는 아마도 전쟁을 치루고 난 뒤 우리 민족들이 겪어내는 일반적인 삶이 아니었을까? 하지만 그 개가 질곡의 환경 속에서도 자손을 퍼트렸다는 것은 우리 민족의 강한 생존력이라 생각되어 위로를 받았다. 신둥이가 겪은 고통의 세월을 겪어낸 우리 민족은 지금 이렇게 풍족한 삶을 살고 있지 않은가 이미 60여 년 전에 이 모든 것을 예견한 작가를 만나고 오는 길, 퉁퉁 부은 아픈 다리로 다녀오는 고통을 보상받은 것 같은 보람 있는 여행길이었다.

<문예비전> 113호

지평선

　자동차가 달린다. 하얀 벌판을, 눈앞에 펼쳐진 세상이 온통 은빛이다. 새벽 여명 속에 숙소를 출발해서 내소사를 잠시 돌아보고 오는 길이다. 새벽길은 길목마다 감동이다. 해변의 멋진 풍경이 지나는가 하면 크고 작은 동산에서 눈꽃을 이고 서 있는 나무들이 우리의 여행길을 축복한다. 자동차를 세워놓고 해변의 절벽 위에 있는 전망대에 올라서니 서해안의 작은 섬들이 반짝이는 화선지 위에 그림이다. 얼마 후 한적한 숲길에 내소사 입구를 알리는 이정표를 만났다.
　내소사는 일주문으로부터 600미터의 곧게 난 입구에 편백나무가 줄지어 있어서 신선한 피톤치드를 발산하며 몸과 마음을 정화시킨다. 백제가 한참 부흥 하던 무왕 33년 건립되었다고 하는 내소사 그러니까 약 1300여 년 전이다. 그리고 우리나라의 많은 문화재가 그러하듯이 임진왜란 때 소실된 것을 인조11년 재건하고 1983년 우암 혜산 선사가 괘불탱 삼존불상등을 정비하여 복원했다고 한다. 사찰을 품고 있는 관음봉 봉우리의 수려함은 바라보는 것만으로도 세속의 때를 씻어주는 것 같이 가슴이 밝고 시원하다.

  웅장하고 아름다운 내소사에 정기를 받고 나와서 우리는 다시 눈속을 달린다. 이따금 작은 동네가 지나가고 '곰소항'이라는 간판의 작은 가게도 지나가더니 까마득히 펼쳐진 지평선이다. 아! 우리나라에도 지평선이 있구나! 멀리 하늘과 마주 붙은 지평선은 보는 것만으로도 너무 반갑다. 도로인지 농토인지 분간할 수 없는 하얀 벌판! 하늘도 들도 산도 눈부시게 하얗다. 드넓은 평야는 온통 은빛 도가니다. 경기평야의 한 부분인 내 고향도 꽤나 벌이 넓은 곳이지만 지금 달리고 있는 이곳과는 그 규모가 비교가 안 된다.

  어제그제 이틀 동안 내린 눈은 그 깊이를 헤아릴 수 없는 데다가 도로와 하천의 구분도 모호하고 앞서간 자동차의 발자국도 없는 길을 달리자니 위험할 것 같아 바짝 긴장이 된다. 얼음장과 같은 이곳이 각 개인소유의 농지로 구획되었다고는 상상을 할 수가 없다. 창밖에 김제평야라는 이정표가 보이니 무척 반갑다. 끝없는 지평선을 보며 나는 생각에 잠긴다. 이 넓은 평야가 과거 우리나라의 전역으로 식량을 보내며 빈곤을 덜어주는 곡창지대였구나! 그리고 일제치하에서 그들은 이곳의 식량을 수탈해 가기위해 군산항까지 시멘트 도로를 만들었다고 한다. 이렇게 보기만 해도 마음이 확 트이고 희망과 목적이 확장될 것만 같은 지평선을 우리는 달리고 있는 것이다.

  얼마 전 유럽 여행길이 생각났다. 그날 파리의 리옹역에서 열차를 타고 스위스의 인터라켓으로 가는 도중 광활한 대지가 나타났다. 가도가도 끝이 없는 지평선이었다. 아직 4월의 광야는 메마른데 아주 오래 전 서부영화에서 보았던 그 광경을 보며, 나는 스크린에서 보던 장면들을 그려보고 있었다. 저 멀리에서는 마차가 질주를 해오고 마차에는 황야를 누비는 멋진 이방인들이 권총을 겨누며 추격한다. 광야의 정기를 받은 보안관들은 용감하게 황야의 부랑아들을 추격하는 정의와 용기가 달리는 지평선은 정말 멋있었다.

그런 지평선이 우리나라에도 있다니 으쓱하다. 우뚝우뚝 솟은 산들도 아름답지만 부의 표징인 것 같은 지평선을 보며 기분 좋게 가슴이 넓어진다.

지금 보이는 이곳에서 과거에는 얼마나 많은 장수들이 말을 타고 달렸을까? 삼국시대 이전에는 가야의 병사들이 나라를 지킬 힘을 기르기 위해 훈련을 했을 것이다. 또한 삼국시대 이곳은 백제의 땅이었다. 백제의 용감한 병사들이 갑옷을 입고 훈련을 받던 곳이다. 이 벌에서 백제는 충분한 식량을 생산했으며 젊은이들의 육신과 정신은 강건하게 무장되었다.

비록 신라장수 김유신의 지혜와 당나라의 개입으로 나태한 의자왕은 패전국을 초래했지만 백제의 마지막 장수 계백도 아마 어린 시절 갑옷을 입고 이 넓은 들에서 충성과 용기를 키워왔을 것이다. 또한 넓은 지평선은 국민들에게 강한 용기와 풍만한 식량을 제공하였을 것이다.

그리고 1800년대 후반 선조를 거쳐 인조에 이르기까지 우리나라는 부패한 양반들로 인해 주권 없는 백성들이 말할 수 없는 고통을 당하고 있었다. 이에 농민들 스스로 권리를 찾고자 부패한 정부를 향해 봉기하였다. 그 당시 녹두장군 전봉준은 부안에서 선봉대를 일으켰다. 이곳은 과연 녹두장군을 키워낼 수 있는 지리적 요건이 충분하다고 생각된다. 그들은 강한 정신력으로 이 벌판을 달리면서 담력을 쌓아 양반네들로부터 자신들의 권리를 찾으려 했을 것이다.

  우리는 지금 김제평야를 말을 탄 멋진 장수들과 함께 달리고 있다. 역시 여행은 행복하고 멋진 것이구나. 지평선은 마음의 옹졸함을 씻어준다. 그리고 꿈을 크게 꿀 수 있는 여유를 준다. 마음이 뿌듯하게 몇 시간을 달려 드디어 군산 땅이다. 새만금을 건널 때와는 반대편 도로를 이용해서 되돌아온 군산에서 딸네가 준비한 주택을 찾아들었다. 천성이 조용해서 별 말은 없으나 늘 다정다감하게 보살펴주는 딸과 지평선을 닮은 마음을 가진 사위의 배려로 폭설이 내린 변산반도 국립공원의 명소들을 돌아보고 돌아오는 고맙고 풍만한 여행길이었다.

성모성월에

맑은 하늘 오월은 성모님의 달 촛불 들고 나와서 찬미 드리자 ~♬♪.

주님께서 만드신 사계四季 중에 영광스럽지 않은 달이 없지만 우리는 특별히 오월을 택하여 어머니를 찬미하고 있습니다. 5월, 담장 위에 덩굴장미가 무리를 이루고 있는 아름다운 모습에서 저는 어머니 당신을 느낍니다.

살아 계신 감실이신 성모님, 아버지 요아킴 어깨 위에 한 마리 비둘기로 앉아서 오신 평화의 어머니! 성모님은 순결한 처녀의 몸으로, 잉태하심을 알리는 가브리엘 천사의 말에 순명하셨습니다. 어쩌면 돌팔매에 맞아 죽을 수도 있는 위험한 순간에 "주님의 종이오니 그대로 제게 이루어지소서.~" 하고 순명하셨습니다.

그 순간부터 어머님의 고난의 길은 예견 되었습니다. 어머니는 골고다에서 십자가를 메고 고통의 길을 걸으시는 아들 예수님의 뒤를 따르셨습니다.

십자가를 지고 매 맞고 넘어지고 채찍에 고통을 당하면서 걷는 예수님의 곁을 따르는 어머니! 끝내 십자가 위에서 숨지신 아드님을 품에 안은 어머니의 고통을 그 누가 알겠습니까? 아! 피에타에 성모 어머니시여!

　제가 처음 세례를 받았을 때 제게는 무거운 십자가가 있었습니다. 삶이 저를 기만했습니다. 제게 닥친 시련을 저는 견디기 힘들었습니다. 주님의 자녀로 새로 태어난 기쁨으로 행복할까 봐 악마가 가만두고 볼 수 없었나 봅니다. 아무리 생각해도 저는 다 옳았습니다. 하지만 현실은 엉망이었으며 캄캄한 어둠이 저를 손짓했습니다. 너무 억울하고 분했습니다. 저는 차라리 삶의 손을 놓고 싶었습니다.

　그래도 제가 버틸 수 있었던 것은 세례를 받아서 하느님의 딸이 되었던 것이었습니다. 제 신앙은 아직 나약했지만 오직 어머니를 의지하며 아버지께 기도했습니다. 매일매일 촛불을 켜고 묵주기도를 바치며 제가 시련을 이겨낼 수 있도록 도와주시기를 청했습니다. 다행히 어머니께서 저의 곁에 계심을 저는 느낄 수 있었습니다. 제가 예수님으로부터 멀어질까 염려하며 지켜 주시는 성모 마리아! 자애로운 어머니가 계시기에 저는 그때의 그 시련을 이겨낼 수 있었습니다. 어머니! 저는 지금도 그 사랑을 굳게 믿으며 그 고마움을 잊을 수 없답니다.

　그해, 사순기에는 봄눈이 많이도 내렸습니다. 제 삶에 온 차가운 시련은 온몸을 떨 수밖에 없었습니다. 저는 엉클어진 제 삶을 봉헌하고

자 매일 매일 주님 십자가의 길을 함께 걸었습니다. 그러나 야속하게도 주님의 십자가를 나누어지지 못했습니다. 어느 날! 밖에는 진눈깨비가 내리고, 있을 때에 저는 예수님이 가시는 골고다 언덕을 따라갔습니다. 성모 어머니의 아픈 마음과 고통에 지쳐 쓰러지는 예수님을 보며 아픈 줄도 모르고 그냥 몸으로만 그렇게 따랐습니다.

그러다가 열세 번째 묵상에서 십자가에서 내리워지는 예수님을 만났습니다. 온몸이 상처와 피로 얼룩진, 처참한 아들 예수의 시신을 품에 안으신 어머니를 만났습니다. 전류가 온몸을 통과하듯 찌릿하게 아팠습니다. 고통의 눈물이 흘렀습니다. 아들의 시신을 품에 안은 엄마의 마음은 헤아리기조차 고통이었습니다. 아드님이 흘린 선혈에 얼룩진 옷을 입은 채로 아들의 얼굴에 눈물을 떨어뜨리는 성모 어머니의 아픈 심정에 이입된 저는 마구 떨리고 눈물이 쏟아졌습니다. 오! '피에타의 성모마리아!

이렇게 숭고한 어머니의 아픔을 만나고 나서 저의 몸은 뜨거운 사랑과 감사로 벅차올랐습니다. 가슴이 터질 것 같았습니다. 이를 통해서 아버지께서 저에게 주신 크나큰 사랑 감사합니다. 삼 남매 허락해 주시고 건강하게 지켜 주셔서 감사합니다. 아이들의 따듯한 손을 잡을 수 있고 미소를 볼 수 있어서, 아이들의 도시락을 챙겨 줄 수 있어서… 정말 고맙습니다. 눈물은 어디에 저장돼 있었는지 쉬지 않고 샘솟았습니다.

13처 아래 계시는 성모님을 생각하면 내가 아픔이라고 생각했던 모든 것이 한갓 투정이라는 걸 알았습니다. 주님께 너무 많은 선물을 받고도 감사한 줄 몰랐던 자신이 부끄러워 울고 또 울었습니다. 제가 교만해질까 봐 겸손을 가르쳐 주신 어머니! 저의 그 시련은 아버지께서 주신 선물이란 걸 깨닫게 해 주신 어머니! 고맙습니다. 연두색 새 순 위에 빗겨드는 5월의 아침 햇살이 눈부십니다. 제가 세상에 온갖 유혹에 떨어질까 늘 주님께 빌어주시는 어머님께 5월의 향기와 밝은 촛불을 바칩니다.

전철 속 풍경의 변화

 2009년 어느 날 외출에 전철을 탔다. 다리가 안 좋은 나로서는 좀 부담스럽지만 약속 시간을 맞추기도 편리하고 어느새 노약자 보호석에 앉아도 남의 눈치 안 보아도 되는 나이가 되어서다. 그날은 운 좋게 일반석에 앉았다.
 잠시 눈을 감고 밀린 피로를 푼 뒤 눈을 뜨니 앞 좌석에 젊은 엄마와 두 꼬마가 몸을 한껏 가까이하고 비비대며 웃는 모습이 행복해 보이는데 바로 옆에는 삶이 고단한지 초췌해 보이는 남자가 머리를 꾸벅이며 졸고 있는 모습이 대조적이다.
 정차 역을 알리는 안내방송 소리에 핸드폰 받는 아저씨의 고함 소리가 묻혀 버리고 뒤이어 시끄러운 금속성의 바퀴 멈추는 굉음이 지나고 조금 있자 한 젊은이가 무거워 보이는 짐을 끌고 들어오더니 물건을 판다. 성실해 보이는 그 사람은 만화로 된 재미있는 천자문 책이라고 선전을 한 뒤 아이들에게 사다주면 좋은 선물이 될 것이라고 최대한 환심을 끄는 말을 했다. 그러나 호소하듯 말하는 목소리가 왠지 힘이 없어 보는 마음이 안쓰럽다.

　나는 선뜻 살 수가 없었지만 누군가 좀 사줬으면 하는 마음인데 아무도 관심을 보이지 않는다. 그 사람은 목소리까지 더듬으며 당황스러워하는 것이 아닌가? 나는 조금이라도 그 사람에게 용기를 주고 싶었지만 핸드백을 열어 그 속에 있는 손지갑을 꺼내고 돈을 꺼내는 것이 쑥스러웠다. 해서 남의 눈치만 살피며 내가 못하는 일을 누군가 해주기를 기다렸다.

　그러나 모두 나와 같은 생각을 하고 있는지 조용하다. 많이 좀 팔렸으면 좋겠다. 아니 나라도 한 권 사야 하는데 마음뿐 용기가 나지 않는다. 집에는 가족이 기다리고 있을 텐데 풀이 죽어 목소리에 힘이 빠지는 그에게 나는 웬일인지 자꾸 관심이 갔다. 요즘 경제적인 혼란으로 많은 사람들이 실직을 하고, 한 집안의 가장이 노숙자가 되어서 책임을 피하기도 한다는데 최소한 저렇게 열심히 살아가는 젊은이가 있다는 것은 다행한 일이다. 생각이 여기까지 미치자 가만히 있을 수가 없어 주줍은 마음으로 가까스로 책을 한 권 샀다. 산 책을 들여다보니 토가 달린 한자에 간단한 설명까지 깃들어있는 '고사성어' 책이어서 아이들도 좋아할 것 같다. 책을 들여다보던 눈을 돌려 그 사람을 보니 그는 차 안을 둘러보고는 다음 칸으로 갔다.

　부담을 벗은 것 같은 마음과 무언가 작은 일을 한 것 같지만 아직도 연민이 맴도는 마음으로 얼마쯤 갔을 때 이번에는 승객들을 비집고 할머니 한 분이 껌을 팔고 있다. 차림새를 보니 그다지 힘들게 살아온 것 같지는 않지만 노인의 그런 모습은 젊은이의 그것과 달라 더욱 안쓰러워 보인다. 문득 자녀들의 입장이 떠오른다. 이 사실을 알고나 있을까? 어렵지 않게 만나는 전철 속의 행상이 오늘따라 마음을 자주 보인다. 역시 승객들은 아무런 반응이 없이 무관심한데 맞은편에서 열심히 묵주 알을 돌리고 있던 할머니 한 분이 껌을 사면서 오래도록 말을 나눈다. 동병상련(同病相憐) 이라 했던가? 노인의 사정은 노인이 더 공감하는 것 같아서 애잔하다.

생각 없이 '고사성어'를 들여다보고 있는 사이에 노인이 내 앞에 껌을 내밀었다. 순간 나는 마음이 바빠졌다. 이를 어쩌나 나는 방금 전에 꺼내어 아직도 들고 있는 지갑에서 부산스럽게 잔돈을 찾아 노인의 손에 쥐어 드리고 나서야 마음이 편했다. 나를 비롯해서 모두 저마다의 주어진 현실에 충실하게 그리고 바쁘게 살아간다. 그러나 힘겨운 이웃에게 눈길 한 번 주는 여유는 가지면서 살고 싶다. 하지만 마음대로 안 되는 것도 현실이다. 나를 비롯한 승객들은 그저 쑥스러워 침묵으로 앉아있었지만 작은 도움을 바라는 그 행상은 많은 승객 중에 책 한 권이라도 더 팔고 싶어서 얼마나 애타고 야속했을까? 작은 나눔의 정을 절실하게 기다렸을 그 젊은이가 지친 모습으로 옆 칸으로 사라져가던 모습이 떠올라 오늘은 왠지 마음이 무거운 하루가 될 것만 같다.

* *

위의 글은 2009년 어느 날의 일기가 노트 한구석에 남아있는 것이다. 그리고 10여 년이 흘러간 오늘 나는 전철을 타고 오면서 문득 전철 속의 풍경도 정말 많이도 변한 것을 느꼈다. 오늘의 전철에는 보이지 않는 자아(自我)가 서로의 벽을 치고 있다. 앉아 있으나 서 있으나 너무도 열중하게 핸드폰을 들여다보기 때문에 감히 누구도 개인의 사고를 범접할 수 없다. 등에는 커다란 가방을 메고 있는 그들은 곁에 사람이 있는지 없는지 무관심한 것 같다.

  모두 같은 모습으로 들여다보고 있는 저 물건에서 사람들은 각자의 필요한 정보와 지식을 취하고 있다. 껌을 내미는 할머니와 담소를 나눌 승객이 없음은 물론 감히 잡상인이 지나갈 여유가 안 보인다. 그들이 지나갈 통로는 없다. 개인주의를 지향하는 사이로 '질서지킴이' 완장을 찬 두 사람이 지나가도 아무도 거기에 관심이 없다. 그냥 열심히 자신에게 몰두하고 있을 뿐이다.

금 따는 콩밭

　그해 여름이 무르익은 8월에 스터디 학우들과 강원도 춘천에 있는 작가 김유정의 고향 실내마을을 찾았다. 실내마을은 조촐하게 자리하고 앉아 작가의 많은 사연과 흔적을 품고 있었다. 전형적인 초가의 토담집이었지만 ㅁ자형 생가는 옛 주인의 삶을 보여주고 있다. 툇마루에서 우리는 더위에 지친 몸을 쉬며 실내마을에서 70년을 살아오신 노인이 직접 만나고 겪어 오신 김유정 일생을 들을 수 있었다.
　만석(萬石)지기의 금지옥엽 막내 도련님으로 태어난 유정은 7살에 돌림병으로 어머니를 잃고 9살에 아버지마저 여의었다. 곱게 자라난 유정이 고아가 되었을 때 어린 그는 얼마나 암담하고 무서웠을까? 생각하니 가슴이 아려왔다. 온실 속에서 갑자기 황야에 던져진 두려움에 어머니의 따듯한 품이 그리웠을 유정이 아버지까지 여의었을 때에 마음을 생각하면서 너무 마음이 아팠다.
　주인은 모두 떠나고 없는 빈 집이지만 작가의 혼이 서려있는 집안 그의 방안에 놓여있는 책상 앞에는 외로움을 삼키며 글을 쓰고 있는 유정의 모습이 어른거린다. 형님 밑에서 어린 시절을 보낸 유정은 휘문 보고에 진학해서 새로운 벗을 사귀고 겨우 외로움을 벗어나려 할 때다.

투포환을 즐기던 그가 벗들과 어울려 놀고 있을 때 갑자기 공이 날아와 그의 왼쪽 가슴을 때렸다. 가슴을 얻어맞은 그는 숨이 멎을 것 같은 아픔을 혼자 감당해야 했다. 밤이면 더욱 심해지는 통증을 견디며 지새우는 밤이 지속되었다. 그때에 얼마나 엄마의 손길이 그리웠을까? 밤마다 베개를 적시던 어린 유정, 그가 돌보는 이 없이 병이 깊어졌을 것을 생각하면서 안타까움으로 마음이 저렸다.

모정에 목말랐던 그는 어느 날 어머니를 닮은 한 여인을 발견하고 짝사랑에 빠진다. 박녹주라는 이름의 기생이었다. 이미 유정의 선배와 사랑하는 사이었던 이름난 기생 박녹주는 어설픈 학생 유정이 관심밖의 인물일 수밖에 없었다. 육신의 고통과 외로움, 게다가 이룰 수 없는 사랑의 상처가 겹치고 깊어졌으니 만석지기 금지옥엽 유정의 처절함이 너무 가엾다. 유정은 병든 몸으로 고향을 찾았다. 그러나 미운 오리새끼가 될 수밖에 없었던 작가는 병든 몸과 고독의 아픔을 견디기 위해 자연을 찾으며 글을 썼다.

노인의 이야기를 들으며 나는 가쁜 숨을 몰아쉬며 작품에 몰두하는 작가 유정의 모습이 눈앞에 어른거린다. 나는 우리 일행을 돌아보았다. 우리 학우들은 모두가 일단은 진학을 포기하는 아픔을 겪었던 사람들이다. 하지만 생명을 놓아야 했던 청년 유정을 생각한다면, 새로운 도전을 시작할 수 있었던 우리들은 얼마나 건강한 행운아요 승리자인가? 때론 비참하다고 생각되었던 현실이 정말 감사한 삶이라는 것을 알게 되었다.

불행은 계속되어 유정의 형님은 상처하고 새로운 형수를 맞았다. 새로운 형수는 사치와 낭비가 심했고 형은 도박에 빠지게 됐다. 이로 인해 파산하고 가세가 완전히 기울어졌다. 그러나 아직도 고귀한 신분임은 변함없던 작가는 육신의 고통과 정신적 아픔을 견디기 위해 들병이들과 어울리며 엄청난 신분의 장벽을 깨고 있었다. 가난한 서민들의 거칠지만 진솔한 삶은 만난 그는 들병이들과 어울리며 만나는 새로운 세계에서 소낙비, 산골나그네, 동백꽃, 만무방, 봄·봄 등 토속적이며 향토적인 많은 작품을 낳는다.

유정이 고통스러운 몸과 마음을 맡기고 자신을 지탱했을 산천을 바라보니 춘천의 실내마을 하늘이 서럽게 보인다. 그리고 굽이굽이 들어선 산자락에는 작품 속에 녹아있던 토속적인 그 장소들이 어른거린다. 병든 몸으로 고독을 견디었을 작가의 고뇌가 우리가 모르고 지나온 조상들의 고난의 삶을, 이렇게 알려 줄 수 있다고 생각하니 정교한 신의 뜻을 보는 듯하다.

만일 유정에게 불행의 신이 덮쳐오지 않고 고귀한 도련님으로 일생을 보냈다면 그의 작품에는 어떤 모습이 담겨져 있을까? 생각하면서 김유정 문학관으로 향했다. 문학관에 들러 남겨진 그의 흔적들을 둘러보고 있노라니 유정이 사망하기 11일 전에 친구 안회남에게 보냈던 편지가 다시 한 번 가슴을 아프게 한다. '내게 100원을 만들 수 있도록 도와주게 나는 그것으로 닭 30마리를 고아 먹을 것이고 구렁이와 살모사를 고아 먹고 싶다'… 아~! 눈물이 뜨겁다.

깊은 병으로 얼마나 허기지고 배가 고팠으면 당장 죽어가는 기진함 속에서도 100원을 달라 하지 않고 그 돈을 만들도록 도와 달라니 이것이 만석지기의 막내 아드님 의식에 마지막 자존심이 아닐까? 이 기막힌 사연이 29살 청년, 천재작가의 마지막 편지라 생각하니 가슴이 너무 아프다.

값진 시간을 뒤로하고 돌아오는 길, 옛날 병든 작가의 위안이 되던 들병이들과 만무방들의 삶이 이어지던 경춘가도에는 곡괭이를 둘러맨 영식이가 땀 흘리던 『금 따는 콩밭』이 이글거리는 땡볕에 영글어가고 있다.

영화 〈국제시장〉을 보고

　농한기를 이용해서 요 근래 영화 몇 편을 보았다. 그 중 '국제시장' 은 근 현대 우리 민족 질곡의 역사를 재조명한 작품이라서 깊은 공감 을 받았다.
　'눈보라가 휘날리는 바람찬 흥남부두에~~~금순아 어디를 가고 길 을 잃고 헤메이느냐~' 철없던 시절부터 들어왔으며 들을 때마다 뭔 가 모르게 가슴 짠하고 안타까움을 느끼던 노래이다. 그 흥남 부두의 이별 장면이었다. 인산(人山) 인해(人海) 속에서 출발하는 군함을 타 려고 아우성치는 피난민들의 참상, 찰나의 순간에 가족을 잃어버리 고 절규하는 피난민들의 숨 막히는 비극이 내 일인 양 아프게 와 닿 는다.
　인파가 물밀 듯이 몰아치는 중에도 군함의 갑판에서 저 사람들을 한 명이라도 더 데리고 가야 한다고 미군 제독을 설들하고 있는 우리 의 통역병, 그 안에 끓고 있는 인간애에 마음이 끌린다. 무기를 싣고 떠나야 한다는 장교들의 급한 요구에도 결국 통역 병에게 설득당하는 제독의 힘든 결단 역시 전쟁 중이지만 따듯한 인간애가 엿보여 찡한 감동을 받았다.

뒤이어 파란만장한 부산에서의 삶 헐벗은 피난민들이 목숨을 유지하기 위해 온갖 세파를 이기며 질곡의 삶을 살아온 국제시장에서의 비참한 생활고가 펼쳐진다. 주인공 덕수가 아버지의 마지막 부탁을 기억하며 찾아간 고모의 집이 국제시장에 있다. 시장 속 아주 작은 가게지만 '꽃순이네집'이란 간판은 크고 따듯하게 느껴졌다. 고달픈 삶의 밑바닥이지만 고통 속에 엿보이는 정이 서린 곳이기도 하다. 구두닦이를 하며 다른 패들에게 죽을 만큼 얻어맞으면서도 서로의 우정을 연연히 쌓아가는 어린 주인공을 보며 가슴이 메는 것은 연민이며 동정이다.

그리고 60년대 중 후반 아직 전쟁의 상처로 가난을 면치 못하던 시절 월남전 파병, 파독 광부와 간호사의 외롭고 힘들고 위험했던 생활을 이제야 제대로 이해할 것 같았다. 철없던 나는 그분들이 고통을 감내하며 극기의 생활을 견디어 주었으므로 오늘의 우리가 있게 된 것을 공감하며 아픈 감격의 눈물을 흘리고 카타르시스를 느꼈다.

세월은 흐르고 80년대 중반 이젠 돈도 벌고 부자가 되었음에도 비좁은 '꽃순이네집'을 떠날 수 없는 덕수의 마음, 주위의 사람들은 그의 애절한 기다림을 이해하지 못한다. KBS에서 벌였던 남북이산가족 상봉 행사에서 동생을 만나게 되는 감격스러운 장면 당시 온 국민을 울렸던 애절한 그 장면은 스크린 속에서도 온 관객을 울음바다로 이끌었다.

동생과의 만남 뒤 아버지를 향한 그리움을 접고 이사를 결심한 덕수, 아버지의 사진 앞에서 피눈물을 흘리며 인사를 한다. "아버지예~! 이제 떠나겠습니더 이만하면 잘 살았지예?" 흥남부두에서 손을 놓던 그 시간을 회상하는 주인공의 절규에 어느 누구의 눈물보가 터지지 않았을까.

해피엔딩이었지만 우리나라가 해방된 후 겪어온 40여 년, 질곡의 역사를 다시 보며 줄줄 흐르는 눈물로 카타르시스를 하고 극장을 나왔다. 많은 인파에 섞여 엘리베이터를 타고 내려오는데 사회 초년생으로 보이는 아가씨 몇 명의 대화가 귀에 들어온다. "정말 잘됐다." 그런데 공감은 가지 않는다. 다른 아가씨 역시 "그래 공감은 모르겠는데도 많이 울었다" 하는 것이었다.

난 그 여자들의 말을 곰곰이 생각해 봤다. 어쩜 이해할 것 같다. 지금 모든 것이 이렇게 풍족한 세상이다. 마천루 같은 빌딩이 도시를 메우고 쏟아져 나온 자동차로 교통체증이 문제인 현재의 부(富), 무엇을 먹을까 메뉴선택의 어려움을 겪는 지금 세대가 어떻게 하면 먹을 수 있을까? 배고픔을 해결할 수 있을까? 고민하며 질곡의 삶을 살 수밖에 없었던 부모의 세대를 공감할 수 없는 것이 어쩜 당연하다고 생각한다. 허지만 이것도 가끔은 생각해 봐야 할 것 같다. 닳아서 발가락이 나온 신발을 신고 지게질을 하면서 가족의 생을 어렵게 이어가던 한 많은 피난살이를 공감하라고 권할 수는 없다.

그러나 나 스스로 다짐하고 싶다. 현재의 풍족하고 화려한 삶 뒤에는 나의 부모들이 겪어 온 극기의 삶이 있다. 이것을 가끔은 기억하며 비극의 역사가 되풀이 되지 않도록 정신을 무장했으면 하는 교훈을 현재를 살고 있는 모두에게 말해 주고 있는 것이라고 생각되었다.

사라진 흔적

 우리 모두는 저마다의 걸어온 흔적이 다르다. 괴롭고 부끄럽고 슬픈 발자국도 있고 아름답고 기쁘고 자랑스러운 추억도 있을 것이다. 그러나 이 모든 것들은 결국 되돌아 갈 수 없기에 소중한 추억이다. 때문에 이렇게 흔적을 남기며 살아왔다는 자체가 아름답고 소중한 것이다.
 나는 악필에 열등감을 가지고 있어서 일찍이 타자를 치고 컴퓨터의 자판을 익혔다. 그리고 지금까지 10여 년 동안 내 삶의 순간순간들을 컴퓨터의 한쪽 방에 저장해 놓았다. 이따금 일어나는 감정의 기복, 행복과 기쁨 절망과 외로움 등 감격의 순간들이 저장되어 있는 소중한 방이다.
 한데 내가 늦은 공부를 졸업하는 2010년 12월 마지막 기말시험 기간이었다. 컴퓨터가 너무 과로했는지 이따금 멈추는 것이었다. 당시에는 동화 구연, 이주민을 위한 '한글교육' 등 열정적으로 지내던 터라 너무 바빠서 기술자를 부를 겨를이 없었다. 멈추면 강제로 켜고 또 켜고 하면서 시험 끝 날이었다. 그날도 복습을 위해 아침 일찍 컴퓨터를 켰으나 먹먹 부동이다. 컴퓨터는 기계치인 나를 무시했는가? 바이러스라는 것을 자주 불렀다. 몇 번의 예고가 있는 것을 감지했지만 시험이 끝난 다음에 손을 볼 생각으로 미루고 있던 터다.

하루 일과를 끝낸 오후 네 시가 지난 뒤에야 기사가 출장을 왔다. 그런데 기사 앞에서도 컴퓨터는 먹통이다. 드라이브 몸체가 날아갔단다. 쉽지 않은 일이지만 바이러스에 감염된 것을 관리를 못하면 있을 수 있단다.

더 큰 문제는 내가 컴퓨터 사용이 미숙해서 지금껏 모든 작품들을 D드라이브가 아닌 C드라이브에만 저장해 두었다는 것을 이제 알았다. 그러니까 지금까지 저장되었던 것이 모두 사용할 수 없게 된 거다. 큰일 났다. 내일이면 이삿짐을 싸야 하니 용산 전자상가를 직접 가볼 겨를도 없다. 기막힌 일이 발생한 거다. 내 소중한 흔적들이 다 지워졌단 말인가? 거기에는 무엇보다도 나의 젊은 시절 연두색 발자국이 점철(點綴)되어 있는 것이 사라졌다.

한갓 지나가는 신변잡기도 있겠으나 정말 소중한 순간들도 있다. 너무 기가 막히고 아쉬웠다. 노후(老後) 책임이 끝나고 난 뒤 이 흔적들이 한 권의 책이 될 수도 있다고 꿈을 꿨는데 그 꿈이 깨진 것일까? 늦은 나이에 공부를 하자니 학점 관리를 위해 매일 밤 컴퓨터에게 중노동을 시킨 결과 그 애가 나에게 복수를 했나 보다.

특히 학창시절 과제물들은 어설픈 대로 내가 온 정성을 기울인 결과지만 아직 완전한 내 것으로 만들지 못했다. 해서 이제 내일쯤 시간을 내서 다시 한 번 음미하고 USB에 저장시키려던 소중한 것인데… 허무하다. 인터넷에 서툰 내가 뒤늦게 공부에 매료되어 컴퓨터의 전원을 눌러댄 것이 원인이었나 보다. 이건 아무래도 운명의 장난이다. 아무튼 내가 지금까지 짜들어가는 생활 속에서도 푸른 벌판이라는 희망을 바라보며 걸어온 흔적들이 사라진 것이다.

런던의 루브르박물관 파리의 베르사유궁전 등은 그 기록의 인쇄물들이 여러 곳에 많이 있지만 남산, 마포 도서관, 시립중앙도서관 등을 드나들며 자료들을 모아서 통과한 논문은, 애쓴 만큼 애착이 가는 것이다. 그 뿐인가? 다시 갈 수 없는 금강산의 수려한 정기. 개성고도(古都)의 도도한 감동 등등, 내가 그동안 담아둔 보물들은 어디서 찾을 것인가? 사라진 흔적들을 다시 한 번만이라도 읽어보고 싶다. 어이가 없어 눈물이 터질 것 같은데 가슴만 아프다.

엄마가 돌아가시고 난 뒤 어머니가 누워 계시던 방에 문을 열고 엄마가 이 세상에 존재하지 않음을 인정해야 했던 기억이 떠오른다. 거기엔 엄마가 계셔야 했는데 그것은 이 세상에서 전혀 이루어질 수 없는 환상일 뿐이었다. 지금 눈앞에 실현될 것 같은 실체가 전혀 불가능한 사실이라는 현실, 텅 빈 공간 아무런 버팀목도 없는 곳에 새로운 주춧돌을 쌓아야 하다니 난 지금 너무 늙고 메말라 있다.

이사를 한 용인에서의 밤이다. 내일을 위한 충전의 시간이다. 교재를 읽으며 잠을 청하다가 문득 사라진 파일에 생각에 미치자 정신이 퍼뜩 난다. 컴퓨터를 켜면 어느 곳에 숨어 있다가 튀어나올 것만 같아서 전원을 켠다. 하지만 내 간절한 희망일 뿐 파열음만 귀를 찢는다.

 밤새 고민하던 나는 하드웨어를 빼 들고 컴퓨터 가게로 갔다. 가게의 주인은 인터넷에서 수리기사를 찾아주었다. 지푸라기라도 잡은 줄 알았다. 곧 전화를 했다. 생전 처음인 수지구청을 찾아갔고 부근 다방에서 만난 기사는 선불을 요구했다. 수리해서 가져오기로 약속한 날. 재차 비용을 요구했다. 아차! 혹시 사기? 뒤늦게 의심이 갔으나 이미 모든 것은 넘어가고 그의 정착지는 알지 못한다. 컴퓨터 가게에서도 전화번호 밖에 모른단다.

 어쩌나? 차라리 포기하는 것이 현명할 것 같다. 어쩔 수 없이 나의 소중한 흔적들을 포기하고 새로운 탑을 쌓아야 하려나 보다. 너무 허무해서 이제야 눈물이 난다. 아! 그동안 가꾸어온 인생 황금기의 소중한 흔적들이 사라졌구나. 이제 소중한 흔적의 실종을 인정해야만 하는 거다.

개살구와 보릿고개

'나의 살던 고향은 꽃피는 산골 복숭아꽃 살구꽃 아기 진달래 울긋불긋 꽃 대궐 차린 동네~~~' 너무 유명한 이 동요를 어린 시절 나는 내 고향 선읍리를 일컫는 노래인 줄만 알았다. 그만큼 고향 마을에는 꽃들이 만발했었다.

고향집 뒤꼍에는 울타리를 따라 살구나무가 세 그루 있었다. 마치 미루나무를 닮아 하늘을 향해 높이 뻗어있는 이 나무는 남쪽에 있었다. 때문에 여름날 오후 외양간 지붕을 넘어온 그림자가 넓은 마당에 드리울만큼 키가 컸다. 옆으로 뻗은 가지는 별로 없으나 엄청 많은 꽃을 피웠는데 사람들은 이것을 개살구라고 했다. 개살구가 꽃을 피울 때쯤에는 온 마을이 꽃으로 뒤덮인다. 지금은 가는 곳마다 봄꽃이 지천이지만 예전 시골 마을에는 복숭아꽃 살구꽃 진달래 개나리 등이 봄을 초대하는 전령이었다.

그중에도 우리 집에 개살구나무는 참 화려했다. 지붕보다 훨씬 높은 이 나무들이 꽃을 피우면 마치 하늘 속에 꽃구름이 떠 있는 것 같앉다. 온 마을을 꽃으로 덮고 있던 화려한 계절은 슬며시 뒷걸음치고 아지랑이 속에 봄바람이 뒤 쫓아오면서 개살구의 꽃은 온 동네에 꽃눈이 되어 내린다. 눈부시게 파란 하늘 속에는 벌도 나비도 꽃잎도 한데 어울리며 구분하기 어지러울 지경이다. 이 꽃눈이 멈추고 나면 이제 수정이 덜 된 어린 꽃술을 등에 짊어진 열매가 떨어지기 시작이다.

스치듯 지나는 초봄을 뒤로 차츰 봄이 깊게 익어가면 이제 세상은 온통 연두색, 이때쯤이면 살구나무 아래 파랗게 떨어지는 열매가 쌓인다. 마을의 머슴애들은 뒤란 살구나무 밑으로 모여온다. 가지가 찢어지게 달려 있는 열매들은 끝도 없이 떨어진다. 아지랑이가 눈부시게 피어오르는 오후 학교에서 돌아온 아이들은 한차례 또 한 차례 살구나무 밑을 지나간다. 하늘 높은 줄 모르는 착한 나무는 끝없이 열매를 떨어트리고 머슴애들은 또 열심히 주워갔다.

나도 살구 한 개를 주워서 먹어본다. 앗! 쓰다! 시고 떫다. 도저히 먹을 수가 없다. 저 애들은 어떻게 이것을 먹지? 싶었다. 차츰 노란빛이 감돌면서 익어가지만 개살구는 푹 농익기 전에는 시고 떫다. 그 맛을 아는 우리 자매는 개살구를 주워 먹을 엄두도 못 냈다. 차츰 떨어지는 열매가 적어지면서 돌팔매가 날아 들었다.

그 후 50여 년의 세월이 흐르고 난 어느 봄날 재경 고향 친구들이 모였다. 그 자리에서 우리 집 개살구가 등장했다. 나는 당시가 생각나서 얼굴을 찡그리며 말했다. "아휴 그 맛도 없는 개살구 때문에 참

신경 썼네…" 그러자 한 친구가 한숨을 내쉬며 말했다. "그게~ 주인이니까 맛이 없지!" 순간 나는 퍼뜩 놀랐다. 지금 남부럽지 않게 성공한 친구다. 그게 얼마나 시고 떫었는데 이런 부잣집 아저씨가 무슨 말이야? 의아해서 반문하는 내게 친구는 말했다. 그때 시골에 먹을 것이 뭐 있었어~ 찔레순, 삘기 등이 있었지만 그래도 그 살구가 맛있었지….

우리는 가끔 '보릿고개'라는 말을 한다. 지금 어린이들에게는 생소한 얘기다. 그러나 60, 70년대를 살아온 기성세대들은 기억한다. 가을 양식은 떨어지고 보리타작은 아직 기다려야 했던 시기, 여러 형제가 얼굴을 쳐다보며 겪어야 하는 배고프던 시절이 있었다.

뒤꼍 양지바른 쪽에는 딸기가 꽤나 많이 심어져 있었다. 울밖에 아이들과 상관없이 동생과 나는 학교에서 돌아오면 먼저 딸기밭으로 간다. 어제 빨간 딸기를 모두 다 따먹었는데 오늘도 빨갛게 익은 딸기가 기다린다. 우리 자매는 달콤한 딸기로 허전한 배를 달랬다. 울타리 밖의 머슴애들은 여전히 살구를 주우려 한 차례씩 다녀간다.

아직 젊은 40대 초에 남편을 여읜 엄마는 선견지명이 있으셨다. 집을 옮기실 때 분명히 커다랗게 버티고 있는 살구나무를 보셨을 것이다. 이사를 한 뒤에는 뒤꼍에 딸기를 심었다. 그리고 토마토와 오이 가지도 한 밭 심었다. 앵두나무 두 그루와 포도나무도 고마운 간식이었다. 이것들은 모두 해가 긴 봄날 학교에서 돌아온 우리 자매의 허기를 메워주기 위한 어머님의 사랑이요 배려였다는 것을 그땐 몰랐었다. 이제 70을 넘긴 이 나이에 고향 친구의 한마디에서 언 듯 철이 든 나, 여러 형제가 배고팠다고 말하는 친구의 개살구가 고마운 간식이었다는 증언으로 새삼 엄마의 사랑이 가슴에 뭉클하다.

　살구는 차츰 떨어지는 것이 적어진다. 이맘때면 아이들의 돌팔매가 시작된다. 허기진 애들은 살구를 따려고 계속 팔매질이지만 살구는 울안에 떨어지는 것이 더 많다. 그때쯤 울타리 밑에는 애들이 드나들 만큼의 개구멍이 생겼고 뒤꼍에 개살구는 떨어질 새 없이 사라졌다.

　그러던 어느 날 오빠는 살구나무에 올라가서 노랗게 익은 살구를 털어낸다. 그 날은 향기를 흠씬 머금은 달콤한 살구가 구경하던 아이들에게 한주먹씩 주어졌지…. 세월이 흐르면서 자식들은 모두 도시로 나가고 어머니가 혼자 집을 지키게 되면서 언제인가 살구나무는 사라졌다. 지붕 위로 높이 서서 화려한 꽃구름을 만들고 온 마을에 꽃비를 내려주던 개살구나무! 보릿고개와 함께 전설이 된 개살구나무의 그림자가 어른거린다.

앨범을 넘기며

　버스에서 내려 집으로 가는데 회오리바람이 한바탕 불어오자 가로수의 은행잎이 바람에 묻어 맴돈다. 올려다보니 어느새 이파리의 거의를 낙엽으로 떠나보낸 은행나무가 쓸쓸하다. 인생도 자연의 일부라고 하는데…
　방금 전 거의 반세기를 더불어 정을 나눈 친목 단체 심우회 식구들을 만나고 오는 길이다. 그러니까 제2의 고향 성산동이 아직 시골의 정서가 남아있던 시절 남편은 객지의 벗들과 친목 모임을 만들었다. 12명의 젊은이들이 심우회 (心友會)라는 이름으로 정을 맺고 키우기 시작했다. 열두 명의 마음의 벗들은 5~6월의 녹음과도 같이 싱그러운 이파리들이 너풀거렸다. 이 녹음은 가족들에게도 행복한 그늘을 드리워 주고 한여름 녹음과 같이 무성하였지만, 이제 가을이 되어 낙엽이 진 한 생의 앨범을 넘겨보고 싶다.
　순박한 아내들은 막 발돋음하며 세상을 향해 얼굴을 들었다. 어느 해 연말, 아내들은 남편들이 초대한 망년회를 갔었다. 그때 명동이었는지 남대문이었는지 장소도 아리송하지만 눈부시게 화려한 곳이다. 난생 처음 보는 화려함에 취해 젊은 아내들은 어리둥절한 세상을 경험했다.

　금쪽같이 귀하고 사랑스러운 아이들은 봄날 새순같이 쑥쑥 성장했다. 초등학교를 다니는 아이들을 데리고 매해 여름방학이 되면 물놀이 여행을 다녀왔다. 열두 가족이 아이들과 동행하니 관광버스는 왁자지껄 까르르, 행복의 초만원이다. 어느 해인가는 치악산 계곡물에 서로의 몸을 밀어 넣으면서 아이들과 하나가 되어 마냥 행복했다. 어른, 아이 할 것 없이 서로 물속에 밀어 넣으려는 사람들과 안 빠지려는 사람들의 행복한 웃음소리가 계곡을 흔들었고 온 세상은 우리뿐이었다. 애써 뽐내며 입고 나섰던 나들이옷들이 몽땅 젖어도 듬뿍 담아온 행복한 추억은 오래도록 가실 줄 몰랐다.

　한데 아이들이 하나둘 상급학교에 진학하면서 부모들의 품을 떠나고 무성하던 심우회는 가을을 맞이했다. 차츰 가지가 엉성해지면서 아이들로부터 해방되어 부부만이 모이는 방향으로 바뀌었고 더욱 진보적인 모임이 되었다. 아이들이 없어도 서로 간에 쌓인 정은 새롭게 싹이 자라서 안 보면 보고 싶고 만나면 더욱 반가웠다.

　나들이도 어른들만의 여행으로 바뀌면서 목적지가 멀어졌다. 어느 해 여름, 속초에 있는 회원소유의 별장에서는 푸르게 펼쳐진 바다를 바라보며 가슴을 활짝 폈다. 시원한 바닷물에 몸을 담그고 바다 냄새를 듬뿍 마시며 방파제를 거닐고 저녁노을을 이고 어시장을 찾아서 싱싱한 생선회를 앞에 놓고 마주 앉아서 낭만을 쌓았다.

봄 햇살에 신록이 흐드러지고 부드럽게 춤추던 심우회라는 묘목은 거침없이 성장하였다. 그러면서 전국방방곡곡에 발자국을 남겼다. 북쪽으로는 금강산 구룡폭포를 마주보며 쪽빛 계곡물에 감탄하고 남쪽으로는 한라산 백록담을 오르다가 발목을 삐기도 하며 동, 서, 남, 북에 두루 낭만을 찍었다. 그리고 중국까지 진출해 북경에서 남경으로 서호에서 황산으로 태산에 이르기까지 이국의 경치들을 가슴에 남겼다. 또 하나 계림을 다녀오면서 천문산에 올라갔을 때는 한 회원이 실수를 하여 화장실에서 선글라스 떨어트렸다. 곧바로 찾으려 했더니 물을 내리는 순간 수백 미터 산 아래로 내려갔다는 것이 아닌가? 이렇게 우리는 만고풍산을 겪으면서 세월을 쌓아갔다.

만나면 헤어지기가 아쉬워서 2차, 3차, 밤이 깊어가는 줄 모르던 젊은 날, 행복한 삶은 쏜살같아서 세월의 속도를 감지하지 못했다. 그러나 싱싱하던 초록 세월은 생사고락(生死苦樂)을 함께한 동료들이 하나둘 유명을 달리하는 회원도 생기고 지방으로 이사를 가기도 했다. 한여름을 지나고 서서히 이렇게 가을이 왔다.

몸이 멀어지면 마음도 멀어진다 했던가? 지방으로 이사한 회원은 처음 몇 번은 어려운 환경을 무릅쓰고 참석하지만 차츰 발걸음이 드물어졌다. 이렇게 기쁨과 슬픔을 함께하며 살아온 세월, 하지만 푸른 강산에도 가을이오면 잎이 물들고 낙엽이지는 것은 어쩔 수 없는 자연과 인생의 철학인가 보다. 12명의 동료가 24명의 부부가 되고 자녀들을 동행 대형버스로 여러 곳을 찾아다니며 즐거웠던 가족들은 서늘한 계곡에서 수영을 하다가 젖은 몸으로 물 밖에 나와 과자 따먹기 게임을 하던 꼬맹이들은 이제 당시의 자신들 보다 훨씬 성장한 자녀를 두었다. 자연히 우리와는 전혀 다른 세상에서 살고 있다.

심우회는 이제 80을 전, 후 하는 고목이 되어 가을바람과 찬 서리에 흔들리고 있다. 그들을 지금 만나고 돌아오는 길이다. 아! 그러나 낙엽이 지고 고목이 되었지만 심우회란 나무의 뿌리는 살아있다. 고목은 봄이 되면 새순이 돋아난다. 혈연의 정 못지않았던 우리 심우회 가족들, 가끔씩 무성하게 푸르던 옛날 그 시절의 앨범을 넘기며 마음속에 새순을 키울 것이다.

내 이름은 엄마

추석도 잊은 고3 딸

오늘 한가위 차례를 끝내고 남편과 큰아들은 성묘를 갔다. 어머님을 뵈러 오신 손님들이 다녀가고 분주한 사이 고3 딸아이는 학교 독서실로 공부를 하러갔다. 마지막 손님을 배웅하고 들어오면서 나는 문득 딸애의 생각에 콧등이 시큰해져온다. 현실이 무엇이기에 문명의 발달과 이기가 삶을 지배하고 그 속에서 알기 위하여 경쟁하지 않으면 안 되기 때문에 저토록 힘겹게 지내야 하는가? 명절도 잊고….

나의 소녀시절 기억에 남는 많은 아름다운 일들이 딸애의 나이 또래에 있었거늘 꿈도 낭만도 참고서 속에 접어 둔 채 오직 경쟁이 있는 현실을 지탱하기 위하여, 해쓱한 얼굴로 공부만 해야 하다니…. 딸애를 향한 안쓰러움이 가슴에 저려온다. 갈대밭에 나가 가을을 한 아름 안아다주고 싶다.

그렇다고 저 파리해진 얼굴에 생기가 돌아올까? 딸애의 집을 나누어지고 싶다 큰아들이 재수까지 2년 올해로 3년째 고3 엄마노릇을 하다 보니 때론 심신이 피로하고 짜증스러울 때도 있지만 새벽 1시 독서실로 딸을 데리러 갔을 때 딸의 지친 모습을 보면 엄마의 모든 피로는 사라지고 도와줄 수 없는 마음이 안타까울 뿐이다. 안쓰러움을 접어두고 "너의 최선을 다하는 만큼 하느님이 함께 하실 것이다" 하고 격려해 주곤 하지만 얼마나 위로가 될까?

하지만 어쩌랴! 이것이 현실인 걸, 진아! 부디 너의 그 노력이 헛되지 않기를 기도하며 너의 의지대로 삶을 살아갈 수 있는 건강을 위해 이 엄마가 최선을 다하여 주는 길밖에 없는 것이라고 생각한다. 이제 남은 60여 일 우리 진이를 비롯하여 수험을 앞둔 모든 아들딸들에게 건강이 가장 소중한 기간이다. 공부하는 사이 휴식과 식사도 소홀히 하지 말고 남은 고지를 위하여 서서히 준비하기 바란다.

계절을 잊고 추석을 모르고 지내는 세월이 올해로 끝나기를 바라는 간절한 마음이다.

<한국일보> 1990년 10월

4修生 엄마

　11시가 되어 학교에서 돌아온 막내가 몸을 씻고 요기를 하고는 다시 책상 앞에 앉았다. 얼마나 피곤할까? 183센티의 키가 휘청이도록 파리하다.
　새벽 5시 50분 훈아! 일어나야지? 하면 아무리 깊은 잠 중이라도 거의 두 번 깨우는 일없이 일어난다. 비몽사몽으로 비틀거리며 나오는 아이를 볼 때마다 엄마의 얕은 본능은 다시 뉘어 재우고 싶을 때도 있다. 하지만 인내의 열매는 달다든가? 자신을 누른다. 그래도 아침밥을 거르지 않고 먹어주는 훈이를 대할 때마다. 4년 동안 쌓여온 피로가 풀어진다.
　연년생 3남매를 둔 나는 큰아이가 재수까지 2년 다시 둘째 올해로 4년을 계속해서 '고3 엄마'가 되다보니 엄마 4수생이 되어버렸다. 어느 땐가는 정말 답답하고 짜증스러워서 어딘가로 여행이라고 훌쩍 떠나고 싶어진다.
　대가족인 우리 집은 막내와 내가 한방에서 기거한다. 그러기에 오늘 같은 피곤한 날 4수생 엄마는 정말 견디기가 힘들다. 피로에 지쳐 도저히 앉아 있을 수도 없고 그렇다고 공부하는 아이 곁에서 잠을 잘 수도 없는 일이다. 이방 저방 불청객으로 다니면서 졸음을 쫓는다.
　막내는 초등학교 6학년 때쯤부터 담임을 맡으셨던 김 선생님의 영

향으로 유전공학을 꿈꾸어왔다. 앞으로 인구폭발로 식량난을 맞이하게 될 지구의 인류 존속을 위해 유전공학도가 되겠다는 막내의 꿈, 이제 그 꿈을 위한 진로의 입구에서부터 자신과의 싸움에 저렇게 힘들어 하고 있다.

훈아! 이제 멀지않은 마지막고비다. 멀고 힘겹게 느껴지겠지만 두 달 남짓이다. 지나간 시간을 돌이켜 보렴 얼마나 짧은 순간들이었는가? 새로운 용기를 갖고 힘 있게 전진해다오

<한국일보> 1991년 10월

중년의 봄밤

텅 빈 방안에 혼자 있자하니 갑자기 외로움이 몰려온다. 현관문을 열고 나가 뜰을 거닐어 본다. 부드러운 봄밤의 향기가 나를 그리움으로 휘감는다.

25년쯤 그 이전 그러니까 내가 지금의 내 아이들과 같은 또래였던 시절… 소쩍새 소리를 들으며 재잘대던 밤은 왜 그리 짧던지, 서툰 시를 읊조리며 바라보던 반딧불은 '또 왜 그리 슬퍼보이던지…

아직 아이들이 돌아오지 않았다. 대학의 학창생활을 즐기느라 늦는 줄 이해는 하면서도 걱정이 크다 문득 이 시간 병영에서 잠자리에

누웠을 입대한지 넉 달된 큰아들이 보고 싶어진다. 편지를 써본다.

'아들아! 불과 두 시간이면 닿을 수 있는 거리를 두고 우리는 서로가 처한 현실에서 자리를 지키며 그리워하는구나 너의 주위에도 봄의 팡파르가 화려하게 넘치겠지 봄은 다정하지만 외롭기도 하단다, 네 곁으로 다가서는 봄의 유혹을 스물두 살 너의 강한 의지로 이겨내고 야무지게 네 삶을 채워가기 바란다.'

편지를 다 마치자 다시 그리움이 밀려온다. 알 듯 모를 듯한 슬픔까지 감아 안고 아이들이 돌아오는 초인종 소리를 기다리고 있는 나는 봄밤이 새로운 중년의 여자다.

<한국일보> 1992년 4월

☐ 서평

희망과 긍정을 추구하는 심미안의 세계
　-이종걸《판도라농원의 클로버》를 읽고

　　　　　　　　　　　　　김 주 안(수필가, 문예비전 편집국장)

　수필은 흔히 가장 자유로운 글쓰기라고 하지만 엄연한 문학의 한 장르로써 그 기능을 담당해 오고 있다. 일상에서 주어진 낯설지 않은 소재를 통하여 사물을 분석, 해석, 종합, 변용하는 창작과정을 거친다. 이를 통해 새로운 결과물을 만들어 내는 이른바 형상화하는 작업을 반드시 거쳐야 문학이라 할 것이다. 형상화는 삶의 진실을 있는 그대로가 아닌 상상력을 통해 재구성하고 함축성을 가진 언어로 구조화하는 것이다. 이러한 문학적 장치들을 걸어 둘 때만이 비로소 수필이 문학이 될 수 있는 것이다. 이종걸 님은 이러한 수필적인 장치를 놓치지 않고 그의 작품 속에 투영하고 있다. 그의 작품 중 몇 편을 만나보기로 한다.

　<어머니의 소상>은 오랫동안 집안의 고락과 함께해 온 청화백자항아리인 '용춤항아리'를 어느날 어머니는 잃고 만다. 분신과도 같았던

용춤항아리를 잃은 후 후회와 회한으로 지내셨을 어머니의 심정을 작가는 유려한 필체로 가족사와 함께 술회하고 있다. 몇 해 후 TV에서 우연히 그 항아리를 보게 된다. "긴 세월 청자색 아픔을 견디시며 온몸에 많은 언어를 간직하고 있던 어머니의 소상(消詳)이 거기에 있었다"며 간결한 어조로 글을 마무리한다. 이는 절제된 감정의 표현을 증폭시키는 효과를 주고 있다.

<석양의 독백>은 작가가 인생 후반에 먹구름이 들기 시작하면서 병상에 눕게 되고 이를 극복하고 일어서는 눈물어린 병상기이다. 퇴원은 하였지만 통증의 구속은 끝나지 않고 '금보다 귀한 시간을 듬뿍 듬뿍 축내고 있다'며 절규를 한다. 그러나 작가는 이에 굴하지 않고 판도라 상자 안에 남아있는 희망을 의지하며 남은 시간을 아낌없이 불태워 줄 것이라고 불굴의 의지를 보여주고 있다. 고난이 있어야 희망의 빛이 더 선명하게 빛나게 된다는 생활의 지혜를 몸소 체득하면서 강인한 정신세계를 엿보게 한다. 가히 짐작케 하는 그 고통의 과정을 진솔하게 묘사하므로써 독자들의 충분한 감정이입을 이끌어내고 있다.

<판도라농원>은 이종걸 님의 작품집 제호를 삼게 한 글이다. 농촌에서 유년 시절을 보냈던 작가는 다시금 흙과 대면하는 삶을 꿈꾸어 왔다. 그러던 중 처음 농지를 마련하고 '판도라농원'이라 이름하면서 '긍정과 희망과 행복'을 이 농원에서 찾아내고자 한다. 그러나 냉해와 가뭄과 뱀의 출몰 등 여러 가지 난제들이 거듭되면서 쉽게 힘을 얻

지 못한다. 그럼에도 굽힐 줄 모르는 희망적인 삶의 자세는 결국 '긍정의 열매'를 거둬들이면서 그 성취감을 얻게 된다. 작가의 굳은 의지와 진취적인 세계가 담겨 있으며 그리스 신화 '판도라의 상자'를 소환하는 발상이 돋보이는 작품이라 할 것이다.

<가을 은행잎>은 어미 나무에서 떨어지는 노란 은행잎을 자신의 모습으로 치환한다. 여름내 젖줄을 열고 키워온 수많은 자식들을 떠나보내는 어미의 고독을 상상의 눈을 통하여 보게 된다. 가을의 은행잎처럼 자식들을 몸소 키워내고 떠나보낸 자신의 모습을 바라보면서 삶을 자조하는 작가의 모습이 충분히 그려진다. 그러나 그 쓸쓸함 뒤에는 '농익은 생명력', '만추의 꿈이라는 여유'와 '아름다운 노년'을 불러들이는 반전은 작가만이 가질 수 있는 막강한 힘이 내재해 있음을 깨닫게 된다.

<빈 나뭇가지는>는 늦가을 떨어지는 갈참나무를 바라보면서 만물의 생성소멸을 심미안의 세계로 바라보고 있다. 소멸 뒤에는 반드시 새로운 생명의 탄생이 뒤따르며 이것이 자연의 순리요 인간은 자연의 일부라는 이치를 새삼 일깨워준다. '녹음이 덮여 있는 산도 아름답지만 잎사귀들이 떨어져버린 빈 나무들이 가득한 산'에 대한 반응은 자연을 바라보는 여유로운 감성을 느끼게 한다.

<어머니의 실패> 는 어머니에 대한 애틋한 그리움을 담고 있다. 묘사력과 주제와 소재의 참신성이 돋보이는 작품이라 할 것이다. 작가는 '어머니의 얼이 서려있는 실패'를 통해 그 그리움의 흔적을 실을

풀어내듯 풀어내고 있다. 특히 실패를 감으면서 들려주던 어머니의 '주술같은 축원'을 작가는 되뇌이면서 못내 기꺼워한다. '앞이 보이지 않는 어려움도 많앗'지만 '헝클어진 실을 풀어가며 하시던 엄마의 목소리에 힘'을 얻었다는 술회에서 작가의 강인한 삶의 자세는 어머니와 어머니의 말의 힘에 있었다는 것을 짐작케 한다.

<하룻강아지의 행복>는 어렵사리 생애 첫 집을 마련하고 그 행복에 겨워하는 작가의 액티브티한 삶의 여정이 잘 그려진 작품이다. 천정에서 방안으로 떨어지는 빗물을 보면서 '고향집 처마 밑에 낙숫물 소리만 같앗다'라는 글귀는 지난한 삶의 담백한 표현이면서 한편 독자들의 마음 구조에 충분한 공감을 불러일으킨다. 그러면서 작가의 낙천적이면서 긍정적인 사고가 더욱 돋보이고 있다. 하룻강아지 범 무서운 줄 모르던 시절, 부정적인 난관을 거뜬히 넘어서서 긍정적인 생명력으로 치환한 그의 삶의 자세에 박수를 보낸다.

<멈춰버린 시간>에서는 어린 8살 때 아버지를 잃은 기억을 생생히 그려내고 있다. 그리고 죽음이라는 것을 어렴풋이 느꼈을 정도로 성숙한 사고와 풍성한 감성을 소유하였음을 짐작하게 한다. 아득히 먼 시간의 여행 속에 있던 감성을 어찌 그리 소상하게 묘사하고 있는지 단지 놀라울 따름이다. '따가운 턱수염을 이제 만질 수도 없고 밤이면 팔을 베고 함께 노래할 수도 없다는 것을 여덟 살 나는 받아들여야 했다.'는 어린 여덟 살짜리가 받았을 충격에 마음이 먹먹하다. 그리고 아버지를 잃은 충격으로 슬픔과 외로움 속에서 책을 접하게 된

다. 이 슬픔과 외로움은 작가의 문학적 감성을 품을 수 있는 좋은 자양분이 되었을 것이다.

이종걸 님의 작품집 《판도라농원의 클로버》를 읽으면서 슬플 때가 있어야 기쁠 때를 안다는 세상의 평범한 이치를 새삼 환기하게 된다. 그리스 신화에 나오는 판도라가 제우스에게 받은 상자를 열었을 때 세상에 부정적인 모든 것들이 쏟아져 나오게 된다. 그러나 아직도 상자 안에 남아있는 희망을 자신의 삶 속에서 건설하고자 하는 작가의 긍정적인 삶과 사유의 세계를 만나게 된다. 그러한 삶의 긍정적인 자세가 늘 희망적인 미래를 만들어 낼 수 있었으며 늦은 나이이지만 문학에 입문하여 문학을 향한 열정에 흠뻑 젖고 있다.

작가는 아버지를 일찍 여의고 어머니의 '주술 같은 축원' 속에서 성장기를 보낸다. 외로움과 슬픔을 책을 읽으면서 승화시키고 이에 작가의 정신세계는 보다 성숙하게 구축되어 갔다. 일찍이 경험한 이러한 외로움과 슬픔이 문학적인 감성이 내재될 수 있도록 좋은 자양분 역할을 하였다. 고사성어에 낭주지추(囊中之錐)라는 말이 있다. 주머니 속의 송곳은 어느 날 밖으로 삐져나와 그 모습을 드러낸다는 의미인데 작가의 내재된 문학성도 이에 비유될 수 있지 않을까 싶다.

작가는 몸으로 체득한 경험들을 통하여 문학에 접근하면서 여기서 발견된 삶의 지혜를 작품으로 승화시키는 수필 세계를 보여주고 있다. 작가의 강인한 의지와 따스한 마음의 세계가 유려한 문체로 잘 드러나 독자들과 소통하며 공감한다. 스쳐 지나갈 법한 소소한 일상들이 작가의 걸죽한 손끝을 거치면서 하나의 작품이 된다.

잊혀져 가는 고향의 기억들을 재소환하여 독자들에게 향수를 자극하고 있다. 사라져가는 옛것에 대한 향수와 애착을 진솔한 글귀로 서술하면서 새로이 읽을 맛을 내게 한다. 특히 옛 지명들을 하나씩 불러내어 토속적이고 향통적인 정서를 환기시키고 있어 그 의미를 더하고 있다.

끝으로, 세상의 이치를 긍정과 희망으로 점철시키면서 어떠한 난관도 극복해 나가려는 강인한 의지가 내재되면서 작가의 인생관을 품고 있다. 판도라의 상자에 남아있는 긍정과 희망과 행복을 '판도라농원'에서 캐내어 작가의 인생에 초대하고자 부단히 노력해온 정신세계를 충분히 읽었다. 아직도 그는 삶에 대한 진지함, 문학에 대한 열정과 에너지가 넘치고 있다.

이종걸 님의 첫 수필집 《판도라농원의 클로버》의 출간을 거듭 축하드린다.

-2024년 9월 즈음
문예비전 편집실에서

여명 이 종 걸 수필집

판도라농원의 클로버

1쇄 인쇄 / 2024년 9월 20일
1쇄 발행 / 2024년 9월 30일

지은이 / 이종걸
펴낸이 / 김주안
펴낸곳 / 도서출판 진실한사람들
주소 / 경기도 하남시 미사강변서로 25, 926호(미사테스타타워)
Tel / 031-5175-6210
Fax / 031-5175-6211
E-mail / munvi22@hanmail.net
등록번호 / 제300-2003-210호
ISBN: 978-89-91905-85-6

값 15,000원

*잘못 만들어진 책은 구입한 곳에서 교환해 드립니다.